Blaulicht live –
der verrückte Alltag
eines Polizeireporters

Frank Bründel

Blaulicht live –
der verrückte Alltag
eines Polizeireporters

Die Deutsche Nationalbibliothek verzeichnet diese Publikation
in der Deutschen Nationalbibliografie;
detaillierte bibliografische Daten sind im Internet über
dnb.d-nb.de abrufbar.

Bildrechte:
Umschlag: Frank Bründel, Feuerwehr Hamburg / Pressestelle, Victoria Bonn-Meurer
Vorworte: Anja Bründel, Frank Bründel, Werner Pfeifer
Geschichten: Frank Bründel, Peter Will

Satz, Umschlaggestaltung, Herstellung und Verlag:
BoD™ – Books on Demand, Norderstedt

ISBN: 978-3-8448-4561-7

Inhaltsverzeichnis

Vorwort des Autors

Der Beruf des Polizeireporters ist nicht nur abwechslungsreich und spannend, man erlebt dabei auch Geschichten, die teilweise so unglaublich sind, dass man sich selber fragt, ob sie wahr sein können. In diesen Kurzgeschichten beschreibe ich nicht den alltäglichen Verkehrsunfall oder das Feuer und die Bilder, die man fast täglich in diesem Beruf sieht und einem ein »dickes Fell« wachsen lassen, sondern die außergewöhnlichen Erlebnisse, die im Laufe der Jahre passieren und im Gedächtnis bleiben. Erlebnisse auch, bei denen man als Journalist unbeabsichtigt in Einsätze hineingerät bzw. auch außerhalb der Blaulichtberichterstattung zum Teil der Geschichte wird, ohne dass dies beabsichtigt war.

Alle diese Kurzgeschichten sind aus meiner Sicht erlebt und geschrieben. Sie umfassen den Bereich der aktuellen Berichterstattung vom Unfall und dem Feuer über die Gala mit Prominenten bis zu Auslandseinsätzen sowie zum Teil auch den privaten Bereich. Alle sind wahr, nichts ist erfunden.

Ich möchte mich mit diesem Buch bedanken bei allen Einsatzkräften bzw. Mitarbeitern der Behörden, Hilfsorganisationen und Institutionen, mit denen ich im Laufe der Jahre eng und vertrauensvoll zusammengearbeitet habe. Gleichzeitig möchte ich damit auch die Arbeit dieser Personen würdigen. Auch bedanke ich mich bei den Menschen, die mir immer Verständnis, Gespräche und Zeit geschenkt haben, wenn es nötig war nach einem Einsatz, bei dem sich schlimme Bilder in die Seele gebrannt haben.

Frank Bründel

Vorwort des Pressesprechers der Hamburger Feuerwehr

Frank Bründel – wer kennt ihn als Pressesprecher im Raum Hamburg nicht. Aus meiner Sicht ein hoch engagierter Journalist mit dem Hang zum nervigen Reporter. Als Pressesprecher muss man sich daran gewöhnen, in der Regel das erste Mikrofon und die erste Kamera von ihm vorgehalten zu bekommen. Es gibt kaum Einsatzstellen, an denen er nicht zu den ersten Berichterstattern gehört, und man hat bei der Erstellung der Berichterstattung eigentlich immer das Gefühl, hier befindet sich ein Reporter auf der »Überholspur« und er ist getrieben von der Zeit. Wenn er könnte, würden die Reportagen nur aus der Hubschrauberperspektive erstellt werden und die Interviewpartner kurz nach oben geholt, damit die gedrehten Bilder und O-Töne schnell zum Schnitt in der Agentur kommen und dann den

Sendern angeboten werden können. Man hat es also mit einem »rasenden Reporter« im wahrsten Sinne des Wortes zu tun.

Aber trotzdem bleibt bei der Schnelligkeit genügend Zeit, den Fall entsprechend journalistisch fundiert aufzubereiten, ohne aber die Distanz zu der Story zu verlieren. Quälende Fragen eines Reporters an einen Pressesprecher sind nichts Neues, aber trotz nerviger Fragen hat man immer das Gefühl, einem Journalisten gegenüber zu stehen, dem an der journalistischen Sorgfaltspflicht gelegen ist. Am Ende von Einsätzen und wenn Mikrofon und Kamera ausgeschaltet sind, stellen oftmals beide Seiten ihre menschliche Betroffenheit fest. Im Einsatzspektrum von Polizei und Feuerwehr erlebt man fast täglich menschliche Abgründe. In die zu schauen, ist nicht immer einfach.

Es gehört aber zur Aufgabe eines Polizeireporters, von Schicksalen zu berichten. Hier die richtigen Bilder und die richtigen Worte zu einem Bericht zu fertigen, gelingt ihm gut. Die in diesem Buch beschriebenen Geschichten erzählen unter anderem von vielen unterschiedlichen Erlebnissen in dieser wunderschönen Stadt. Sollten Sie in diesem Buch einmal einen rasenden Reporter erkennen, dann ist es Frank Bründel. Ich wünsche allen Lesern viel Spaß bei dieser »Reality«-Lektüre.

Manfred Stahl
Pressesprecher Feuerwehr Hamburg

Vorwort eines Radioreporters des NDR

Wer Frank Bründel bei einem Einsatz erlebt hat, wird ihn nicht so schnell vergessen: hochgewachsen, schlaksig, immer die gleiche graue Fliegerjacke an, um die Schultern eine Kamera baumelnd und irgendwie immer auf dem Sprung. Es gibt nur wenige Polizeireporter der »drehenden Zunft«, die so energisch um ihre Bilder und Aufnahmen kämpfen wie Frank. Während wir Radioreporter es uns leisten können, eine gefährliche Situation bei einer Demonstration oder einem Feuer aus der sicheren Distanz zu beobachten, kämpft sich Frank hinter Wasserwerfern der Polizei und Drehleitern der Feuerwehr möglichst weit nach vorne, um die besten Bilder zu drehen.

Dieser Job ist nicht nur gefährlich, sondern bringt auch viel Ärger. Aber daran ist Frank gewöhnt. Wenn er eine Geschichte hat, lässt er nur ungern locker.

Aus dieser »Sucht« sind spannende, tragische aber auch witzige Geschichten entstanden, die den Alltag eines Polizeireporters zeigen. Sie werfen ein bezeichnendes Licht auf unsere Stadt. Hamburg ist eine Metropole, die nie schläft. An manchen Tagen gibt es über 900 Einsätze allein bei der Feuerwehr, von der Notgeburt über Messerstechereien und Küchenbrände bis hin zu umgekippten Gefahrgutcontainern. Von den Einsätzen der Polizei ganz zu schweigen.

Manchmal frage ich mich, wie das alles gut gehen kann. Wie halten Polizisten und Feuerwehrleute diese ständige Konfrontation mit Gewalt, Verletzungen, Sorgen und Ängsten der Menschen aus? Manchmal frage ich mich auch: Wie halten wir als Polizeireporter das aus? Wenn wir über vermisste Kinder, Leichenfunde oder schwerverletzte Unfallopfer berichten, dann haben auch wir die Opfer vor Augen. Und das tut weh.

Vielleicht ist deswegen das Buch von Frank Bründel ein guter Anfang, über einen solchen Alltag zu reden, das Interessante wie das Traurige herauszufinden und ein bisschen mehr über den ganz normalen Wahnsinn dieser Stadt zu erfahren, den die meisten Menschen überhaupt nicht kennen.

Werner Pfeifer
Polizeireporter NDR 90,3

»Pack mal das Zelt über die Leiche!«

Wie man unfreiwillig als Helfer der Mordkommission engagiert wird und dabei auch noch fotografiert wird.

Nach einer Gewalttat im Osten von Hamburg fanden die Einsatzkräfte der Feuerwehr und Polizei einen tödlich verletzten Mann auf. Er lag im Vorgarten eines mehrgeschossigen Wohnhauses. Während wir, die anwesenden Pressevertreter, unsere Bilder aus gebührendem Abstand machten, fing es an zu regnen. Da sich einige Ermittler bereits in Schutzanzügen in der Wohnung des Opfers befanden, konnten sie den zwei Ermittlern, die bei der Leiche standen, nicht dabei helfen, eine Art handelsübliches Gartenzelt, wie es jeder kennt, aufzubauen und über die Leiche zu heben. Es galt, auf diese Weise die Spuren zu sichern, die durch den Regen hätten verwischt werden können.

So kam es, dass man uns um Hilfe bat. Kurz gesagt: ein Zelt, vier Ecken, vier Mann und über die Leiche stellen. Unser journalistisches Arbeitsgerät zur Dokumentation durften wir dabei nicht einsetzen. Doch genau in dem Moment, wo wir das Zelt über die tote Person stellten, kam ein Kollege einer Tageszeitung an, sah uns, fing laut zu lachen an, machte ein Bild und fragte, ob es einen akuten Personalmangel bei der Polizei gebe. Für ihn stellte sich die Szenerie doch sehr »strange« dar. Sie zeigte aber auch, dass man mit vielen Dienststellen der Ermittlungsbehörden gut und vertrauensvoll zusammenarbeiten kann.

Natürlich wurde das Bild nie veröffentlicht. Die Gewalttat wurde übrigens schnell aufgeklärt.

Nah dran kann schmerzhaft sein

Auch Profis haben nie ausgelernt. Drei Geschichten über die fühlbaren Folgen, die journalistische Nähe zum Geschehen haben kann.

Geteiltes Leid ist halbes Leid

Bei Auseinandersetzungen zwischen Linksautonomen und der Polizei wurden auch wir Journalisten von Steinen getroffen und leicht verletzt. Ich bekam Teile einer Gehwegplatte auf den Fuß geworfen. Trotz Sicherheitsschuhen mit Stahlkappen war das sehr schmerzhaft, so dass ich erst einmal aus dem Einsatzbereich weghumpelte und bei einem Sanitätsfahrzeug der eingesetzten Polizeikräfte (keine Hamburger Kräfte) um Hilfe bat. Dort erhielt ich – wenn auch erst nach einigem Drängen – ein Coolpack, um die starke Schwellung am Fuß zu kühlen und den Schmerz zu lindern.

Nach ein paar Minuten kam ein langjähriger, sehr netter Kollege hinzu. Auch er war verletzt. Ein Stein hatte seine Hand getroffen, sie blutete leicht und war vermutlich stark verstaucht. Als er ebenfalls um Hilfe bat, meinten die Sanitäter etwas genervt: »Wir sind nur für verletzte Einsatzkräfte zuständig und nicht für Journalisten.« Erst nach einem doch sehr energischen Wortgefecht und dem Hinweis, dass man gegen dieses Verhalten vorgehen werde, gab man meinem Kollegen eine Binde und die Einsatzkräfte machten sich aus dem Staub. So standen wir zwei »Verletzten« da mit einem Coolpack und einer Binde. Toll, dachten wir, und nu?

Da wir aber beide als alte Hasen viel Erfahrung im Bereich Kameradschaft hatten, teilten wir brüderlich: Erst kühlte ich mit dem Coolpack meinen Fuß noch ein paar Minuten, danach befestigten wir die Kühlkompresse mit der Binde an der Hand meines Kollegen. Meinen Schuh schnürte ich währenddessen etwas fester zu, um die Schwellung im Rahmen zu halten. Einige Kollegen, die das mitbekamen, amüsierten sich königlich. »Ihr seid ja wie ein altes Ehepaar«, sagte man uns nach. Okay, Hygiene sieht anders aus, aber so konnten wir nach einer kurzen Pause das Einsatzgeschehen weiter dokumentieren.

Ein paar Tage nach dem Einsatz waren unsere Wunden (und der verletzte Stolz) verheilt. Wir können bis heute über dieses Erlebnis herzhaft lachen.

Es war umwerfend. Oder: Die Zeit, die wir durch die Luft fliegen, wird uns nicht bezahlt

Anlässlich des Jubiläums des Kampfmittelräumdiensts hatten wir den Auftrag erhalten, einen kleinen Film zu produzieren. Wir sollten die Suche nach Blindgängern dokumentieren und die Vorgehensweise bei diesen speziellen und nicht ganz ungefährlichen Ausgrabungsarbeiten journalistisch festhalten.

Ein Bagger hob auf dem Gelände einer Firma für Schütt-/Massengut ein Loch aus an der Stelle, wo man aufgrund alter Luftbilder einen Blindgänger vermutete. Nach dem Heben des Erdreiches schwenkte der Bagger vom Loch weg und schüttete den Erdaushub an die Seite. Wir standen auf einem kleinen Sandhügel direkt am Loch. Auf einmal öffnete sich die Baggerschaufel unerwartet nach dem Verlassen des Erdloches – aufgrund eines technischen Defekts, wie man im Nachhinein feststellte –, kam ins Schwingen und schleuderte gegen uns. Im hohen Bogen flogen alle, die auf dem etwa drei Meter hohen Sandhügel standen, hintenüber vom »Berg«. Mich hatte die Schaufel an den Oberschenkeln getroffen, die anderen an den Armen und Seiten. Nun lagen wir da und jedem tat es heftig weh. Gleichzeitig mussten wir aber doch lachen, was die

Schmerzen etwas linderte. An beiden Oberschenkeln erlitt ich Prellungen und Blutergüsse.

Der damalige Einsatzleiter, der Betriebsleiter und der Pressesprecher, die alle anwesend waren, sagten: »Euch ist doch nix passiert, ihr wollt doch alle nicht ins Krankenhaus oder zum Arzt – euch geht es doch allen gut?!« Wir nickten nur, weil keiner Lust auf den Papierkrieg hatte, der uns dann erwartet hätte.

Es war zum Glück auch keiner so schwer verletzt, dass er ins Krankenhaus hätte eingeliefert werden müssen, aber an Autofahren war aufgrund der Schmerzen nicht mehr zu denken. So mussten zwei Kollegen mich und mein Fahrzeug abholen und erst mal zum Auskurieren der »nie entstandenen« Verletzungen nach Hause bringen.

Umsichtiges Schauen schadet selten

Es geschah anlässlich des Drehs einer Tierrettung. Während einer Bootsfahrt mit dem Hamburger Schwanenvater machte ich Bilder von einem kleinen Seitenkanal der Alster. Ich stand vorne auf dem Boot, mit einer Schwimmweste gesichert, und drehte die Szenerie. Dabei verdeckte ich dem Bootsführer unwissentlich und unabsichtlich die freie Sicht auf die Wasserstraße. Ich war auf das Drehen konzentriert und hatte das linke Auge geschlossen, während Herr Nieß das Boot mittig auf dem kleinen Kanal hielt. Beide sahen wir somit den herannahenden Ast eines Baumes, der über dem Kanal hing, nicht.

Es kam, wie es kommen musste. Der Ast traf mich und warf mich rückwärts um. Dabei fiel ich mit dem Steißbein voran auf den Aufbau in der Bootsmitte. Mächtige Hinternschmerzen und eine zerrissene Hose waren die Folge. Aber außer ein paar Abschürfungen, einer Prellung, der kaputten Hose und dem verletzten Stolz war nichts passiert. Dafür hatte ich gelernt, dass Schwimmwesten nicht vor Ästen schützen.

Fazit: Ein wenig Abstand zum Einsatzgeschehen ist meist gesünder als eine schmerzhafte Nahaufnahme. Fernsehkameras und Fotoapparate haben ein Teleobjektiv – das man auch nutzen kann. Es schadet auch nicht, das Umfeld zu beachten … das kann einen vor unerwarteten Ereignissen schützen.

Anfängerfehler

Jeder fängt mal klein an und macht Fehler, das ist unbestritten. Aber wie unausgebildet einige Redaktionen ihre Leute auf die Straße lassen, das ist schon merkwürdig.

Die Zwangsdusche

Bei einem Chemieunfall in Hamburg Billbrook mit einigen Verletzten gab es zwei Absperrzonen. Eine war für die sogenannten »Gaffer«, die andere, etwas näher am Einsatzgeschehen liegende zweite Linie, war für die Pressevertreter. Diese gute Lösung war der Feuerwehr zu verdanken, alle Beteiligten konnten so ihre Arbeit ungestört verrichten.

Während die Feuerwehrleute in Vollschutzanzügen das Leck an einem Tank abdichteten, aus dem giftige Dämpfe entwichen waren, kam ein Nachwuchskollege an. Er stieg – zunächst berechtigt – über die »Gaffer«-Absperrung und anschließend seelenruhig über die Absperrung für uns Medienvertreter. Danach baute er sich etwa fünf Meter von den Feuerwehrleuten entfernt auf, um seine Bilder zu machen.

Der Einsatzleiter und wir Medienvertreter schauten erst ihn und dann einander ungläubig an. Wie lebensmüde ist der denn?! Dann überlegten wir gemeinsam sehr schnell, dass wir ihn kurz seine Arbeit machen lassen (der Wind stand günstig, so dass die Wahrscheinlichkeit, dass er durch die Dämpfe verletzt wird, gering war, wenn auch nicht ausgeschlossen) und ihm dann mitteilen, dass er und seine Kamera nach der Arbeit duschen müssten, genau wie die Einsatzkräfte nach der Beendigung ihres Einsatzes. Alle fanden diese »erzieherische Maßnahme« gut.

Als ihn der Einsatzleiter »zurückpfiff«, kam er sofort – und holte sich erst einmal einen gewaltigen Anschiss ab. Anschließend erklärte ihm der Einsatzleiter, dass er nun mit seiner Kamera duschen müsse, aufgrund der Kontamination mit den giftigen Dämpfen. Auch müsse er zur Beobachtung in ein Krankenhaus. Ganz ernst erklärten wir Medienvertreter unserem Anfängerkollegen, dass dies stimme und er sich wohl von seiner Ausrüstung verabschieden könne. Er glaubte das dann auch und wurde immer verzweifelter, weil er nicht wusste, wie er mit der geduschten Kamera vor seinen Chef treten sollte.

Erst ganz am Ende des Einsatzes klärten wir ihn auf. Er entschuldigte sich und hatte nun auch begriffen, was für einen Fehler er gemacht hatte. Aus Angst dürfte er so schweißnass gewesen sein, dass er im Anschluss dennoch duschte. Ob mit oder ohne Kamera, haben wir nicht erfahren.

»Ich sehe nichts durch meine Linse!«

Bei einem Wohnungsbrand kam eine junge Kollegin, um ihre Bilder zu machen, sehr aufgestylt an. So stolzierte sie mit hochhackigen Pumps und bauchfreiem Shirt frierend auf der herbstlich kühlen Einsatzstelle umher, was zwar ein netter Anblick war, aber einerseits völlig unzweckmäßig, und andererseits hätte die Aufmachung, mit der sie ihre guten Formen in Szene setzte, die Feuerwehrleute von der Arbeit abhalten können. (Ein Feuerwehrmann ist ja – wie der Name schon sagt – auch »nur« ein Mann.)

Während ihrer Arbeit tauchte ein seltsames Problem auf: Sie sah nichts durch den Sucher ihrer Fernsehkamera und fragte uns, was wohl der Grund sein könnte. Alle erkannten sofort, dass sie vergessen hatte, den Objektivdeckel von der Linse zu nehmen. Wir taten aber alle ganz ahnungslos und äußerten bloß unsere »Vermutungen«: Kabelbruch zwischen Sucher und Kamera, Spannungsprobleme, Restlichtverstärkung defekt, Feuchtigkeit usw. »Dreh einfach in die Richtung des Geschehens, und irgend-was wird schon drauf sein«, beschwichtigten wir sie. Die Feuer-wehrleute spielten das Spiel mit, und selbst der Einsatzleiter sagte nichts, als die Kollegin mit ihm sein Statement drehte.

Als das Feuer dann irgendwann aus war, die Einsatzkräfte ihr Handwerkzeug einpackten und alles vorbei war, gingen wir zu ihr und stellten mit ihr den Fehler fest. Natürlich waren auch wir vollkommen »überrascht«. Sie war zwar etwas sauer, aber sie hatte was gelernt. Und wir konnten sagen: »Wieder eine gute Tat – weil wir jemanden heute gut weitergebildet haben.«

Drama in Ruanda

Tausende von menschlichen Tragödien während der Flüchtlings-katastrophe – wenn auch Reporter an ihre seelischen und körper-lichen Grenzen stoßen.

Während des Bürgerkrieges in Ruanda war ich zwei Mal in der Stadt Goma, um die Arbeit einer Hilfsorganisation zu doku-mentieren. Zehntausende von Flüchtlingen mussten versorgt werden. Beim Erstellen der Bilder und bei den Gesprächen zeigte sich bald, dass nicht nur die eingesetzten Ärzte und Mitarbeiter der verschiedenen Hilfsorganisationen an ihre Grenzen stießen, sondern auch man selbst als Berichterstatter.

Als ich die Arbeit eines Ärzteteams fotografierte, stellte ich fest, wie einer der Ärzte die um Hilfe anstehenden Menschen selektierte: der ja, der nein. Auf meine Frage, warum er das so mache, antwortete er knapp und unmissverständlich, dass er nur noch die behandle, bei denen er auch eine Überlebenschance sehe. Die anderen hätten sich bereits »erledigt« aufgrund von Durchfallerkrankungen, Dehydrierung, Mineralienunterversor-gung, Unterzuckerung, weiterer extremer Krankheitszustände und grausamster Verletzungen durch Macheten und Schusswaf-fen – mit anderen Worten: Die sind morgen sowieso tot. Das klingt extrem hart, aber bei den Massen an versorgungsbedürfti-gen Menschen blieb ihm nichts anderes übrig, als so zu handeln. Wie sehr ihn diese Situation mitnahm, war unübersehbar. Hier überlegt man als Berichterstatter dann auch, ob man die Kamera beiseitelegt und hilft oder weiter dokumentiert und sich nur bei der Tablettenausgabe irgendwie nützlich zu machen versucht.

Denn es herrschte auch ein akuter Mangel an Personal. Viele freiwillige Helfer, vor allem junge, unerfahrene Krankenschwes-tern, schmissen sehr schnell das Handtuch und verließen den Einsatzort rasch wieder in Richtung Heimat. Interessant war

auch zu sehen, wie sich die einzelnen Hilfsorganisationen darum
stritten, wer welches Flüchtlingscamp in welcher Form versorgt.
Dabei schien es oft in erster Linie darum zu gehen, in der Heimat gut dazustehen und behaupten zu können: »Wir, Organisa-
tion XY, versorgen dort Summe Z von Flüchtlingen« – obwohl
sie aufgrund der besagten Personalprobleme gar nicht in der
Lage dazu waren. Die Spendenbereitschaft im eigenen Land
stand im Vordergrund.

Auch erlebte ich am eigenen Körper, wie schnell man in der
Hitze dieses Landes dehydriert. Mitten in einem der Lager
wurde mir sehr schwindlig, ich bekam starke Kopfschmerzen.
Als ich merkte, dass ich kurz davor war, ohnmächtig zu werden,
hielt ich sofort ein Militärfahrzeug mit Japanern an. Sie sprachen
natürlich kein Englisch, erkannten aber meine Situation und
brachten mich erst mal raus aus dem Lager zu einer amerika-
nischen Hilfsorganisation. Hier gab man mir was zu trinken
und veranlasste den Transport zu meinem deutschen Lager, wo
ich dann, um meinen Kreislauf wieder zu stabilisieren, mehrere
Infusionen erhielt. Für den Tag war ich erst mal außer Gefecht
gesetzt. Aus dieser Geschichte habe ich gelernt, sich in so einem Gebiet niemals allein zu bewegen und immer genügend
zu trinken dabei zu haben.

Ruanda ist eigentlich ein wunderschönes Land mit tausenden
von Hügeln und kleinen Bergen. Leider sind die Waldbestände
durch die Flüchtlinge, die das Holz für ihr alltägliches Überle-
ben brauchten, stark dezimiert worden. Würden die Bewohner
dieses Landes besser miteinander klarkommen und ihre Stam-
messchden begraben, könnte es sehr viel Geld mit Touristen
verdienen, und allen würde es wirtschaftlich besser gehen.

Ein solcher Afrikaeinsatz ist sicher auch ein Abenteuer, das
man nie vergisst. Aber man braucht hinterher auch liebe Menschen, die einem zuhören … Der Satz »Afrika sehen und sterben«
bekommt hier eine ganz andere Bedeutung.

Du stinkst. Oder:
Wenn man nach dem Einsatz
eine Waschmaschine braucht

Über Düfte und Gerüche, die einen bei Einsätzen begleiten bzw. einem entgegenschlagen und sich gerne auch festsetzen – ein Lob an die Waschmaschinen und die Waschmittelindustrie.

Bei zahlreichen Einsätzen während eines Reporterlebens wird man auch mal schmutzig und lernt ganz neue Geruchsnoten kennen. Im Folgenden ein paar kurze Anekdoten zum Thema *»Sauberer Journalismus sieht anders aus«*.

Auf einem Hochsee-Fischtrawler

Nach einer Woche auf einem Hochsee-Fischtrawler, um den Fang von Rotbarsch vor Island zu dokumentieren, hat sich der Fischgeruch in allen Klamotten und selbst den Schuhen festgesetzt. Das riecht dann doch extrem. Mehr noch, wenn man als Gast auf dem Schiff in seiner Kabine nur eine Wanne hat, deren Wasserhahn seit Jahren nicht geöffnet wurde und man nur in einer braunen Wasserrostbrühe baden kann … Gesteigert wurde dieses Erlebnis nur noch durch die Blicke der anderen Passagiere auf dem Rückflug von Island. Selten genießt man sonst im Flugzeug soviel Ruhe und großzügigen Abstand. Ähnlich begeistert war wohl derjenige, der die gleiche Reisetasche wie ich besaß, weswegen wir sie am Flughafen Hamburg aus Versehen vertauschten. Seine Geruchserlebnisse beim Öffnen der Tasche zu Hause dürften bemerkenswert gewesen sein. Bei der einen Tag später folgenden Gepäckübergabe verabschiedete er sich doch sehr schnell.

Bei den Kindern auf der Müllkippe

Während einer umfangreichen Archivproduktion in Brasilien fotografierte ich unter anderem Kinder, die auf Müllkippen lebten. Die Geruchsmischung aus verwesenden Speiseresten, Dreck aller Art und weiterem Müll setzte sich stark in der Kleidung fest. Hinzu kamen durch die extreme Hitze und Luftfeuchtigkeit noch die eigenen menschlichen Schweißausdünstungen. Ein kleiner Tipp am Rande: bei solchen Produktionsbedingungen niemals schwarze T-Shirts tragen. Denn der Farbstoff dieser Shirts führt mit Schweißgeruch zu einer extremen Geruchskombination, die den allgemeinen Gestank stark in der »Kopf-, Herz- und Fußnote unterstützt«, um die Fachsprache von Parfümherstellern zu benutzen.

Auf der Leprastation in Nepal

Fotografieren auf einer Leprastation in Nepal führt zwangsläufig zu Neurosen. Nach Fertigstellung der Bilder möchte man sich überall scheuern und kratzen, obwohl man alle Sicherheitsbestimmungen eingehalten hat. Diese Krankheit so nah mitzuerleben, löst leider ein extremes Kopfkino aus.

In Messiewohnungen

Filmen oder Fotografieren in sogenannten Messiewohnungen löst auch einen extremen Juckreiz aus, den man nur durch langes psychologisches Duschen bekämpfen kann – einfach das Kopfkino unter der Dusche mit wegspülen. Extrem ist auch, in einer Wohnung mit 17 Katzen Bilder machen zu müssen, und diese völlig verwahrlosten Tiere wollen alle partout mit einem schmusen …

Resümee: Bei allen diesen doch sehr speziellen, nicht gerade wohlriechenden Einsätzen half nur, die gesamte Wäsche mindestens zwei Mal mit sehr viel Waschpulver und der doppelten Menge an »frühlingsfrischem« Weichspüler mit Vor- und Hauptwäsche wieder in einen geruchlichen Zustand der Tragbarkeit zu bringen. Sonst kann es einem passieren, dass man die Wäsche aus der Maschine holt und einem schlecht wird vor Gestank. Manche Kleider mussten trotz mehrmaligen Waschgängen einfach im Müll entsorgt werden. Hier große Anerkennung und ein ausdrückliches Lob an alle Müllmänner, die solche Gerüche sicherlich auch öfter erleben – oder soll ich sagen »erriechen« – müssen. Auch möchte ich einen Dank an meine Waschmaschine aussprechen, die mir in all den Jahren nach solchen Einsätzen eine treue Dienerin war und mich nicht verlassen hat.

Wie Muscheln und Fische meine Hollywood-Karriere beendeten

Eine portugiesische Speisekarte lässt mich in keinem guten Licht erscheinen.

An der portugiesischen Algarveküste wurde mit dem zwischenzeitlich verstorbenen Schauspieler Klausjürgen Wussow ein Fernsehspiel gedreht. Als bei einer abendlichen Szene in einem edlen Fischrestaurant zu wenig Statisten anwesend waren und ich als Standfotograf keine Aufgaben hatte, bat mich der Regisseur, an dem Tisch hinter Herrn Wussow Platz zu nehmen und etwas zu essen zu bestellen, um das Bild auch in der Tiefe etwas auszufüllen. Auch sollte ich eine Bestellung beim Kellner aufgeben. Mein erster großer Fernsehauftritt, gleich mit Text – cool, dachte ich und war doch ein wenig aufgeregt.

Gesagt, getan. Ich setzte mich an den Tisch, alles wurde perfekt ins Licht gerückt und die berühmte »Klappe« fiel. Während sich Herr Wussow in einer längeren Drehszene im Vordergrund mit einer anderen Darstellerin unterhielt, nestelte ich mit der Speisekarte herum, die der Kellner mir gebracht hatte, und die natürlich auf Portugiesisch geschrieben war. Leider waren meine Kenntnisse dieser Sprache etwas bescheiden, um es moderat auszudrücken. Ich hatte keine Ahnung, was auf der Karte stand. Als dann der Kellner wieder an meinen Tisch trat, um die Bestellung aufzunehmen, kam mir die zündende Idee. Pizza geht immer, dachte ich. Das war ein Fehler. Kaum hatte ich es ausgesprochen, lachten alle los und der Regisseur brüllte: »Ey, du kannst doch nicht in einem portugiesischen Edelrestaurant Arme-Leute-Essen bestellen!« Ich war etwas verdattert und verunsichert.

Einer der zahlreichen Akteure vor Ort half mir dann in einem Fünf-Minuten-Portugiesisch-Crashkurs die Karte zu verstehen und in der nun noch mal zu drehenden Szene eine edle »gemischte portugiesische Fisch- und Muschelplatte« zu bestellen. Diese sollte ich dann im weiteren Verlauf des Drehs auch noch essen. Todesmutig stürzte ich mich auf die »Leckerei«, während die Hauptakteure im Vordergrund vor laufender Kamera weiterspielten. Auch diese Szene musste mehrfach gedreht werden, weil meine Gesichtsausdrücke zu den Fischen, die mich von meinem Teller aus ansahen, doch Bände sprachen und einen sehr schlechten Eindruck durch die Kameralinse machten. Nach einigen Anläufen hatten wir aber alles im Kasten und ich war froh, nicht weiter Fisch und Muscheln genießen zu müssen.

Der Regisseur bedankte sich nach dem Dreh trotzdem bei mir, meinte aber schmunzelnd, dass ich, sollte ich Hollywood-Ambitionen haben, mir wohl keine großen Chancen ausrechnen müsse.

Unfälle im Hamburger Verkehrsdschungel

Auch Journalisten sind vor Unfällen nicht sicher.

Keiner ist davor gefeit, im Dschungel des Hamburger Autoverkehrs in einen Unfall verwickelt zu werden. Glücklich kann man da sein, wenn diese glimpflich ausgehen. Ob man nun Schuld hat oder nicht – es ist immer viel Papierkram. Auch mir sind im Laufe der Jahre kleinere Unfälle passiert, bei denen zum Glück nie jemand schwer verletzt oder getötet wurde. Zwei davon waren aber doch etwas komisch, wenn man das so sagen darf.

Streifenwagen die Tür abgefahren

Während eines Einsatzes in Hamburg-Horn parkte ein Polizist mit seinem Streifenwagen in eine Parklücke ein, die seitlich an der Straße lag, um von dort zum Einsatzort zu laufen. Als er seine Tür öffnete, achtete er nicht auf den Verkehr und übersah mein Auto. Es machte *rums* – die Tür des Streifenwagens war ab und mein neuer Wagen hatte eine Beule. Zum Glück wurde niemand verletzt und beide Unfallbeteiligten kamen mit dem Schrecken davon. Die Unfallaufnahme erfolgte dann durch eine andere Streifenwagenbesatzung …

Der Polizist hatte seinen Fehler gleich zugegeben und sich entschuldigt, und die Stadt beglich den Schaden. Allerdings gehen einem schon ein paar merkwürdige Gedanken durch den Kopf, wenn man ausgerechnet einen Polizeiwagen rammt, in dem auch noch Polizisten sitzen, die einen kennen! Fotos habe ich dann mal lieber nicht gemacht – damit hätte man sich wohl selber nur schaden können.

Anwalt baut Unfall und bietet sich als rechtlicher Vertreter an

An einer Ampel an der Alster fuhr mein Hintermann mit seinem Wagen auf mein Fahrzeug auf. Beide stiegen wir aus und begutachteten den Schaden. Es war niemandem was geschehen und wir nahmen die Situation ganz locker. Der Unfallverursacher meinte dann im Scherz: »Wenn Sie mal einen guten Anwalt für Verkehrsrecht brauchen – hier meine Visitenkarte.« Darauf antwortete ich nur: »Wenn Sie mal jemanden für Aufnahmen von Unfallorten brauchen – hier meine Visitenkarte.« Unser Gelächter war laut. Auch hier hat die Versicherung den Schaden geregelt.

An Langeweile gestorben?

Selbst für Ermittler ein seltener Anblick: Der Schädel liegt neben dem Sofa und hört Radio.

In einem Mehrfamilienhaus in der Nähe des Hamburger Michels wurden vor mehreren Jahren die sterblichen Überreste eines Mann in seiner Wohnung aufgefunden. Allerdings saß er da wohl schon ein paar Jahre tot in seinem Sessel.

Aufgefallen war das nur, weil der Postbote durch den Briefschlitz an der Wohnungstür keine Post mehr reinstecken konnte – im Laufe der Zeit hatte sich ein Berg von Briefen, Werbeprospekten und sonstiger Post hinter der Tür angehäuft. Die alarmierte Polizei und die Feuerwehr hatten ihre Mühe, überhaupt in die Wohnung zu gelangen. Nach dem Knacken des Schlosses konnte man die Tür nur mit einem kräftigen Schieben öffnen.

In der Wohnung fanden die Einsatzkräfte eine reichlich bizarre Situation vor. Das Gerippe des Mannes saß in einem sehr bequemen Sofasessel in der Küche, übersät von einigem Getier, das aber selber bereits verhungert war. Das Fenster stand offengekippt – die permanente Belüftung hatte wohl dafür gesorgt, dass der Verwesungsgeruch niemandem aufgefallen war. Der Schädel war vom Gerippe gefallen und blickte auf ein älteres Radio, aus dem Musik erklang. Der eingestellte Sender war ein öffentlichrechtlicher … Ob das Programm zum Tode durch Langeweile geführt hatte, war unklar. Vermutlich war der Mann eines natürlichen Todes gestorben, ganz genau nachweisen konnte man das aber wohl nicht mehr.

Nach der Spurensicherung baten uns die Ermittler in die Wohnung, um uns die Szenerie zu zeigen. Allerdings wurde uns verboten, unsere Knipskisten oder Kameras mit hinein zu nehmen. Heute wäre es wohl nicht mehr möglich, Journalisten so was zu zeigen; sicherlich würde sich jemand daran stören. Auch möchte ich betonen, dass sich das Programm der genannten Radiostation in den letzten Jahren sehr gebessert hat.

Provinzposse in der Medienhauptstadt Hamburg

Visitenkarten von Journalisten an Polizisten und daraus resultierende unglaubliche Verdächtigungen.

Ein gutes Arbeitsverhältnis zwischen Journalisten und Polizei ist für beide Seiten unerlässlich, besonders aber für die Fotografen und Kameraleute, die täglich an den Einsatzstellen Polizisten begegnen. Hier fragen Polizisten auch mal, von welchem Medium der Journalist ist, ob sie ein Foto vom Einsatz bekommen könnten oder wo sie eventuell am nächsten Tag abgebildet sind. Sei es, um mal der Familie oder Freunden die Arbeit bildlich zu zeigen, sei es für dienstliche Zwecke, weil keine eigene Kamera vorhanden, die Batterie der Dienstkamera leer oder schlichtweg keine Zeit war, selber ein Foto für die Ermittlungen zu machen. Gerne fragen auch mal Brandermittler nach Flammenbildern und -videos, um die Brandursache zu klären. Ebenso kann es vorkommen, dass Verkehrsunfallsachbearbeiter der Polizei um Bilder und Videos bitten, um das Unfallgeschehen zu ermitteln.

Der Weitergabe von journalistischem Material durch die Journalisten selber sind enge Grenzen gesetzt, aber bei solchen Geschichten gibt man ab und zu auch mal etwas heraus, um zu helfen oder auch um der Familie oder den Freunden des Polizisten eine Freude zu machen. Etwa wenn das Bild zeigt, wie der Polizist ein Entenküken rettet (die Persönlichkeitsrechte und das Recht des Kükens am eigenen Bild werden selbstverständlich gewahrt). In solchen und ähnlichen Zusammenhängen fragen die Beamten auch mal nach einer Visitenkarte der Fotografen und Kameraleute. All das ist vollkommen normal, eigentlich Alltag und hat nichts mit weiteren Hintergedanken eines Journalisten zu tun.

Umso mehr staunte ich, als mir eines Tages ein Brief ins Haus flatterte, in dem ich um Erklärungen gebeten wurde:

1. Wieso der Polizist XY meine Visitenkarte besitze? – Besagte Visitenkarte war fünf Jahre alt und von einer Firma, für die ich nicht mehr arbeitete.
2. Ob ich den Polizisten XY kenne? – Klar kenne ich noch alle 5'000 Polizisten, die mal vor Jahren eine Karte von mir bekommen haben. (Achtung Ironie.)
3. Ob der Polizist XY mich vor anstehenden Einsätzen angerufen oder mir Informationen gegeben habe, die als Verrat von Dienstgeheimnissen gelten könnten?

Und so weiter. Offenbar lief gegen den Polizisten XY in diesem Zusammenhang ein Ermittlungsverfahren. Was der ausschlaggebende Grund dafür war, weiß ich nicht und wurde mir von der Polizei natürlich auch nicht gesagt. Der Ton des Briefes war aber doch recht aggressiv. Die Fragen klangen so, als ob ich auch verdächtigt würde, Straftaten begangen zu haben. Fordert ein Journalist allein durch die Übergabe seiner Visitenkarte Polizisten auf, Dienstgeheimnisse zu verraten? Läuft er Gefahr, dass deshalb auch gegen ihn ermittelt wird?

Was in der freien Wirtschaft vollkommen normal ist – der Austausch von Visitenkarten –, scheint an manchen polizeilichen Dienststellen ein Problem zu sein. Ich werde jedoch meine Visitenkarte auch weiterhin ohne irgendwelche Hintergedanken an Polizisten geben, die mich freundlich und mit einer nachvollziehbaren Begründung danach fragen.

Hier auch noch einige Informationen zum Pressekodex für alle Ermittler und Nachwuchsjournalisten, wie sich Journalisten in solchen Fällen verhalten bzw. verhalten sollten:

Alle Informationen werden absolut vertraulich behandelt. Es erfolgt keinerlei Weitergabe über die Erlangung der Informationen bzw. über die Informanten (Journalistisches Zeugnisverweigerungsrecht, § 53 Abs. 1 Nr. 5 StPO). Auch zur Verfügung gestelltes Foto-/Filmmaterial wird nur nach vorheriger schriftlicher Absprache weitergegeben bzw. unterliegt dem Beschlagnahmeverbot durch Behörden (§ 97 Abs. 5 StPO).

Durch das Bundesverfassungsgericht wurden hier bereits mehrere Urteile gefällt, die den Informationsschutz und die Informantendaten als ein hohes und schützenswertes Gut der Pressefreiheit darstellen.

Randale in der SPD-Zentrale

Nach der Festnahme ihres politischen Führers Abdullah Öcalan besetzen Kurden das SPD-Gebäude – und ein Polizist mit Rückgrat wird zurückgepfiffen.

Als die türkische Regierung 1999 den Kurdenführer Abdullah Öcalan festnahm, kam es in Hamburg über mehrere Tage zu heftigsten Ausschreitungen von hier lebenden Kurden. Autos wurden zerstört, Busse entglast, Müllcontainer angezündet und teilweise Gewalt gegen andere Menschen ausgeübt, die nichts mit der Sache zu tun hatten.

Sogar die SPD-Zentrale in Hamburg wurde gestürmt. Ich hatte damals Informationen, dass dort etwas passieren sollte, wusste aber nur den Tag und nicht was. Somit hielt ich mich in der Nähe des Kurt-Schumacher-Hauses, dem Sitz der SPD, auf. Auch die Polizei hatte Wind von einer bevorstehenden Aktion bekommen und stand bereit. Als die Kurden die SPD-Zentrale besetzten, rannte ich mit rein. Gleichzeitig rannten auch Polizisten ins Gebäude. Es kam zu einer Riesenprügelei zwischen den Kurden und den Polizisten. Und ich mittendrin. Es flogen Tische, Stühle, Akten durch die Gegend, es wurde mit Feuerlöschern auf die Polizisten »geschossen«. Ein leitender Beamter sagte zu mir: »Geil, dass du da bist! Dreh, was das Zeug hält – wenn du aber was abbekommst, hast du dann selber Schuld.«

Gesagt, getan. Geile Bilder. Zahlreiche Kurden wurden von den Polizeibeamten aus dem Gebäude gebracht. Allerdings konnte sich ein kleiner Teil in einem kleinen Saal verbarrikadieren. Sie hatten einen damaligen Mitarbeiter der SPD »gefangengenommen«. Die Barrikade war zwischen Flur und Saal sehr wackelig aus Stühlen und Tischen gebaut worden und wäre für die Einsatzkräfte leicht überwindbar gewesen. Aber der Einsatzleiter wollte die Sicherheit des SPD-Mitarbeiters nicht gefährden. So bot er den

Kurden an, für die Freilassung des SPD-Mannes eine Erklärung in die Kamera des anwesenden Journalisten zu sprechen. In der ganzen Hektik hatte er nicht vergessen, mich vorher zu fragen, ob ich dazu bereit wäre. Ich stimmte zu, wenn ich während des Interviews durch einen Polizisten permanent von hinten festgehalten würde. Wusste ich denn, dass sich die Kurden nicht noch irgendwelchen Blödsinn einfallen lassen würden?

Auch die Kurden stimmten diesem Deal zu. Gesichert durch den Polizisten (der hielt mich hinten am Hosengürtel fest und hätte mich so jederzeit zurückziehen können, wäre die Situation eskaliert) sollte das Interview starten. Ich hatte zwar kein O-Ton-Mikro dabei, aber das Atmo-Mikro würde schon reichen, dachte ich. Mehr Panik hatte ich, dass der Akku der Kamera schlappmachen könnte. Einen Ersatz mitzunehmen, hatte ich in der Aufregung vergessen. Wir wollten gerade beginnen, als einer der Polizisten die geplante Aktion an die draußen stehenden Kameraden meldete. Der damalige Gesamteinsatzleiter verbot über Funk die Aktion. Der Beamte neben mir war nun verunsichert und sagte die Sache ab. Ich wurde gebeten, das Gebäude zu verlassen und kam dem auch nach. Draußen sah ich dann in die Augen der neidischen Kollegen, die genau wussten, was für gute Bilder ich bekommen hatte. Schnell brachte ich diese dann zu der Agentur, für die ich damals arbeitete.

Die Besetzung zog sich bis in die Nachtstunden hin. Einige Kurden wurden festgenommen, nachdem sie freiwillig aufgegeben und den Mitarbeiter der SPD freigelassen hatten. Dagegen hätte unsere Aktion zu einer schnellen Beendigung führen können, da sich zum Zeitpunkt der Verbarrikadierung mehr Polizisten als Kurden im Haus befanden und ich gesichert wurde. Meine Erfahrung zeigt: Je mehr Entscheidungsträger sich »einmischen«, umso länger dauert so was. Manchmal ist der sogenannte »Mut zur Lücke« gefragt. Die Bilder aus dem Inneren der SPD-Zentrale liefen damals weltweit.

Mord macht hungrig – und einen Ermittler fast wahnsinnig

Ein Mord, hungrige Journalisten, einige Pizzas und ein Ermittler der Spurensicherung der Polizei, der fast wahnsinnig wird.

In einem Mehrfamilienhaus ermordete ein junger Mann seine ältere Nachbarin. Zahlreiche Medienvertreter waren damals vor Ort und machten ihre Bilder. Die Spurensicherung und die Mordkommission brauchten Stunden, um allen Spuren und Hinweisen nachzugehen. Wir warteten derweil vor der Haustür des Mehrfamilienhauses auf den Abtransport des Leichnams der Verstorbenen. Das Bild des Abtransportes wird von den Fernsehsendern immer benötigt, um den Tod auch visuell darzustellen.

Das Warten zog sich schon mehrere Stunden hin, und alle Journalisten verspürten ein Hungergefühl. So bestellten wir uns eine Pizza von einem Lieferservice. Dieser lieferte auch prompt, und wir konnten unseren Hunger stillen. Die Pizzakartons warfen wir in den Müllcontainer, der zum Haus gehörte.

Das war ein Fehler. Kurz darauf kam ein Mitarbeiter der Spurensicherung und wollte diesen Müllcontainer sicherstellen, er hätte ja wichtige Spuren oder gar die Tatwaffe enthalten können. So sagten wir zu ihm: »Die Pizzakartons sind von uns und haben mit dem Mord nix zu tun.« Er antwortete darauf nur: »Ich gehe jetzt ins Haus zurück, bevor ich wahnsinnig werde. Und ihr fischt eure Kartons raus. Und verwischt mir ja keine Spuren! Dann habe ich auch nichts gesehen und nehme euch nicht zur Identitätsfeststellung (Fingerabdrücke und DNA) mit auf die Wache!«

Wir taten, wie uns befohlen, hoben vorsichtig unsere durchweichten Pizzakartons mit Hilfe eines Handschuhs – keine Fingerabdrücke, so auch keine Beweise gegen uns – aus dem

Müllcontainer und ließen sie auf legalem Weg verschwinden. Wie sich einen Tag später herausstellte, waren in dem Müllcontainer weder die Tatwaffe noch irgendein verwertbarer Hinweis auf den Täter gefunden worden. Dennoch konnte der Täter sehr schnell gefasst werden. Und wir waren um eine Erfahrung reicher: Essen ja, aber nicht zu nah am Tatort und werfe nie vor Ort was weg, was dich belasten könnte. (Hier ist neben dem körperlichen Völlegefühl auch die Beweislast gemeint.)

Ort, Tag, Uhrzeit des Ereignisses und der Beteiligten habe ich hier bewusst nicht erwähnt, um den damaligen Ermittlern keine Schwierigkeiten zu machen. Auch der Name des Pizzaservices bleibt mal lieber ungenannt.

Erklärungsbedarf statt Suizid

Mann will nur sein ihm rechtmäßig zustehendes Geld – und ein Gespräch mit der Presse.

Ein Bauunternehmer, der als Subunternehmer an einem Bauprojekt einer Villa sein Geld nicht erhalten hatte, war so verzweifelt, dass er sich von dem Gerüst des Hauses stürzen wollte. Normalerweise wird von der Presse nicht oder nur sehr eingeschränkt über Suizidversuche berichtet. Bei dieser Geschichte, die vor Jahren passierte, erhielt ich aber die Information, dass wohl mehr dahintersteckt. So fuhr ich hin.

Vor Ort waren die Feuerwehr und die Polizei, die mit dem Mann Kontakt aufzunehmen versuchten. Das zog sich bereits über mehrere Stunden hin, denn der Mann wollte einfach nicht mit den Einsatzkräften sprechen. Inzwischen war ein weiterer Fernsehkollege eingetroffen, ein sehr junger und unerfahrener Journalist einer anderen Firma, um eventuell auch über diesen Fall zu berichten. Als der Bauunternehmer mitbekam, dass die Presse vor Ort war, erklärte er, dass er von seinem Vorhaben Abstand nehmen würde, wenn er mit den Medienvertretern reden könne. Der Einsatzleiter sprach mit uns darüber und wir erklärten uns bereit, an einem Seil gesichert zu dem Mann auf das Gerüst zu klettern (gesichert, damit der Mann keinen Blödsinn mit uns anstellen konnte). Ich erklärte meinem jungen Kollegen, ich würde die Gesprächsführung übernehmen, er solle mich nur in von mir gewünschten Momenten unterstützen.

Auf dem Gerüst begrüßte uns der Mann mit Handschlag. Ein gutes Zeichen, er hatte Vertrauen zu uns. »Wenn ich etwas in die Kameras erzählen darf, komme ich auch runter vom Gerüst«, sagte er. Ich sagte ihm, dass dies okay sei, wir aber das gedrehte Material sofort vom Gerüst werfen würden, wenn er Mist bauen sollte. Er sagte kleinlaut, dass er dies nicht tun würde und sprach dann eine Erklärung seiner verzweifelten Situation in die Kameras. Als er anschließend gerade mit uns runterkommen wollte, meinte mein junger Kollege zu ihm: »Können Sie sich noch mal über das Geländer des Gerüstes lehnen? Ich bräuchte da eine dramatische Einstellung.« Ich dachte, ich höre nicht richtig. Auch der Einsatzleiter, der am Fenster zum Gerüst stand und alles beobachtet und mitangehört hatte, war kurz vor einem Herzinfarkt. Ich sah meinen Kollegen so böse an, dass er sofort merkte, welch einen Riesenbockmist er gerade gebaut hatte. Rasch sagte er zum Bauunternehmer: »Es geht doch nicht, weil das Band zu Ende ist.« Zum Glück glaubte der das auch.

So geleiteten wir den Mann die Gerüsttreppe zum Fenster hinunter, der Kollege vor und ich hinter dem Mann, um ihn gegebenenfalls am Kragen zu packen. Im Gebäude angekommen wurde er von den Rettungskräften weiter betreut. Nun griff sich der Einsatzleiter meinen Kollegen. Niemals wieder habe ich einen Einsatzleiter so laut und wütend erlebt. Der Kollege wurde immer kleiner und kleiner. Er hatte in dieser Situation mit dem Leben aller gespielt. Doch damit nicht genug: Als er die Geschichte in seiner Redaktion erzählte, wollte sich diese ernsthaft darüber beschweren, dass ich dem Kameramann die gewünschte »dramatische« Einstellung verunmöglicht hatte. Da war ich es dann, der ein bisschen laut wurde …

Was aus dem Mann und seinen wirtschaftlichen Problemen geworden ist, weiß ich leider nicht. Wir alle waren aber glücklich, die heikle Situation so gut gemeistert zu haben. Veröffentlicht haben wir das damals nicht, um nicht weiteren suizidgefährdeten Menschen eine Idee zu liefern. Auch habe ich bewusst bei dieser Geschichte keine Orte, Namen und Daten angegeben, um den damals jungen und unerfahrenen Kollegen nicht anzuschwärzen und den Einsatzkräften keine Probleme im Nachhinein zu machen. Jahre danach darf man aber sicherlich ein paar Zeilen darüber schreiben, um die damals sehr gute Zusammenarbeit zwischen der Feuerwehr, der Polizei und mir richtig darzustellen.

Abenteuer in Afrika

*Eine Trauerfeier für den Staatspräsidenten der ehemaligen Elfen-
beinküste wird zum ganz besonderen Erlebnis.*

Vor Jahren erhielt ich den Auftrag, die Trauerfeier von Félix
Houphouët-Boigny, dem verstorbenen Staatspräsidenten der
ehemaligen Elfenbeinküste (heute République de Côte d'Ivoire)
zu fotografieren. Es wurde eine sehr spezielle Reise. Als erstes
musste ich vor der Abreise sechs verschiedene Schutzimpfun-
gen innerhalb von drei Tagen über mich ergehen lassen. Sechs
Piks macht sechs mal »Aua« und erzeugt im Gemisch doch
sehr lustige Nebenwirkungen. Dabei waren leichtes Fieber und
Schüttelfrost noch das Harmloseste.

Mein Flug ging von Hamburg über Paris nach Abidjan, der
Wirtschaftsmetropole der Elfenbeinküste. Im Flieger nach Afrika ging es schon los! Nicht nur saßen zig Trauergäste unter
den Flugpassagieren, sondern diese führten auch den halben
Hausstand mit. So kam es, dass neben mir eine Dame mit ihren
Schildkröten auf dem Arm bzw. in ihrer Tasche saß. Heute wäre
so etwas undenkbar …

In Abidjan angekommen wurde ich mit anderen Journalisten zusammen vom Flughafen abgeholt und zum Informati-
onsministerium gebracht, um die Akkreditierungen und den
Papierkrieg zu erledigen. Auch da regierte die Verwaltung mit
all ihren Formularen. Danach ging es zum Hotel, und die Arbeit konnte beginnen. In den ersten zwei Tagen nach meiner
Ankunft machte ich Bilder vom aufgebahrten Sarg, neben dem
zur Dekoration Goldbarren und Münzen lagen. Man erkannte,
dass der Reichtum hier der Regierung vorbehalten war und die
Bevölkerung in Armut lebte. Dies hielt aber tausende von trau-
ernden Bürgern des Landes nicht ab, ihrem über die Grenzen
beliebten und bekannten Staatspräsidenten die letzte Ehre zu

erweisen. So stellten sie sich in langen Schlangen an und warteten oft Stunden darauf, einen kurzen Blick auf den Sarg zu werfen. Dabei kam es teilweise zu Tumulten, weil vielen die Wartezeit zu lang war und sie Angst hatten, den toten Präsidenten nicht mehr zu sehen.

Nach zwei Tagen sollte ich die ersten Filme (ja, damals wurde noch auf Film fotografiert) per Luftfracht nach Deutschland senden. Mit meinen zahlreichen Filmdosen am Flughafen angekommen stand ich dann sehr blöd vor einer geschlossenen Frachtabteilung. Auf Nachfrage, wann diese denn mal geöffnet sei, schlug mir eine für viele Europäer unverständliche Langsamkeit entgegen. Kurz gesagt, niemand wusste, wer nun für was eigentlich verantwortlich war, und für Frachtgut in Form von Filmmaterial gab es auch keine Formulare. Aber Afrika wäre nicht Afrika, wenn man auf diesem Kontinent nicht gelernt hätte zu improvisieren. Ein sehr netter Sicherheitsmann nahm mich mit und brachte mich direkt zu einer nach Paris startenden Maschine der Air France. Sofort wurde ich ins Cockpit gebracht (einfach nicht fragen, dachte ich, nur wundern) und konnte dem Piloten mein Problem schildern. Dieser schmunzelte und sagte mir, dass er dieses Problem kenne und permanent Material für irgendwelche Leute nach Paris mitnehmen würde. Er bat mich um einen Blick in den Beutel mit den Filmen, um zu kontrollieren, ob dort wirklich das drin war, was ich behauptete. Nach der Prüfung (Sicherheitscheck!) sagte er mir, dass er das Material nach der Landung in Paris am Air-France-Schalter abgeben würde und es dort abgeholt werden könne.

So ließ ich ihn mit den Filmen nach Paris fliegen. Zurück im Hotel rief ich sofort bei meiner damaligen Firma an und sagte Bescheid, dass sie die Filme in Paris abholen könnten und den Weitertransport nach Hamburg selber organisieren müssten. Meine Sorgen und die schlaflose Nacht erwiesen sich als vollkommen unbegründet. Das gesamte Material kam unbeschadet in Hamburg an.

Nun kam es zum zweiten Teil des Abenteuers. Der verstorbene Präsident wurde von der Armee in seinen Heimatort Yamoussoukro (gleichzeitig die Hauptstadt der République de Côte d'Ivoire) überführt, um dort mit einer großen Trauerzeremonie verabschiedet zu werden. Ein Weg von etwa 100 Kilometern über Straßen, die teilweise in miserablem Zustand waren. Tausende Menschen säumten den Weg, um auch hier ihre Trauer kundzutun. Die begleitenden Journalisten fuhren in dem Konvoi mit und wir konnten während der Fahrt aus zig Fahrzeugen zahlreiche Bilder von dem Trauerzug machen.

In seinem Heimatort Yamoussoukro hatte sich der Verstorbene vor Jahren ein Denkmal setzen lassen, welches seinesgleichen sucht: Er ließ den Petersdom im Vatikan in doppelter Größe nachbauen. Das Gebäude sprengte alle Dimensionen. Für Innenaufnahmen reichte nicht mal ein 24-mm-Objektiv; das war damals das Nonplusultra.

Vor Ort angekommen standen wir vor dem Problem, dass das von der Behörde versprochene Hotel bereits von den zahlreichen Staatsgästen besetzt war. Selbst die Problemlöser-Kreditkarte American Express half hier nicht weiter. Auch großzügige Schmiergeldangebote erweichten die Hotelmitarbeiter nicht. Was nun? Ich stand im tiefsten Afrika und hatte die berühmten drei Probleme: kein Zimmer, kein Essen und ziemlich viel wertvolle Ausrüstung bei mir. Und ehrlich gesagt jetzt ein wenig Muffensausen, allein als Bleichgesicht unter so vielen Afrikanern. Jetzt wurde mir bewusst, wie die Afrikaner sich in Europa fühlen müssen ... Ich überlegte kurz und erinnerte mich daran, was man in Deutschland macht, wenn man in einem unbekannten Ort gestrandet ist. Man geht zu einer Tankstelle oder einem Friseur, dort sind Menschen, die wissen immer, wo was ist bzw. können einem weiterhelfen. Und so war es dann auch. Ich entschied mich für die Tankstelle. Ein Friseur hätte mir wohl auch aufgrund meiner zu kurzen Haarpracht nicht weitergeholfen.

An der besagten Tankstelle kam ich sehr schnell mit den Menschen in Kontakt. Man unterhielt sich auf Englisch und, wenn das nicht weiterhalf, mit den Händen und den Füßen. So lernte ich einen jungen Mann kennen, der mir anbot, bei seiner libanesischen Großfamilie unterzukommen, die – wohlgemerkt – an der Elfenbeinküste wohnte und ihr Geld im Im- und Exportgeschäft verdiente. Die Familie nahm mich herzlich auf, und ich hatte für die nächsten Tage ein Dach über dem Kopf und was zu essen. Zur Sicherheit telefonierte ich noch mit meiner Redaktion und erklärte die Lage. Dabei sagte ich auch, dass ich versuchen würde, alle 24 Stunden ein Lebenszeichen zu senden. Hätte ich mich nicht gemeldet, hätte die Redaktion spätestens nach 48 Stunden die Deutsche Botschaft konsultiert.

In den nächsten Tagen konnte ich somit ohne Sorgen über eine Unterkunft meinem Job nachgehen und die Trauerfeier fotografieren, die mit Staatsgästen aus aller Welt sehr gut besucht war. Dazu ist zu sagen, dass der Präsident im In- und Ausland sehr beliebt war, weil er immer zu seinem Wort gestanden hatte, was bekannterweise in der Politik sehr selten geworden ist.

Nach meiner Fotografiererei kehrte ich von der Trauerfeier zurück und ging ins Haus meiner Gastgeber, dabei freute ich mich schon auf meinen Rückflug am nächsten Abend – und erschrak doch sehr! Das Oberhaupt der libanesischen Import-Export-Familie saß seelenruhig im Wohnzimmer und putzte seine größere Anzahl von Gewehren und Pistolen. Er bemerkte meine Angst sofort und forderte mich sehr freundlich in gebrochenem Englisch auf, mit in den Keller zu kommen. Ich dachte nur: »Jetzt ist es aus, der murkst dich ab.« Dem Tod in die Augen sehend ergab ich mich meinem Schicksal und ging mit die Treppe runter – was sollte ich denn auch machen, er hielt ein Gewehr in der Hand. Wenigstens hatte ich noch den guten Anzug von der Trauerfeier an, so würde ich als Leiche im Sarg eine passable Figur machen. (Sollte ich denn auch einen solchen bekommen.) Doch statt mich unten im Keller zu erledigen, öffnete mein Gastgeber mehrere Kühlschränke, zeigte mir zahlreiche Stücke Fleisch von Antilopen, Affen, Zebras und anderen Tieren des Kontinents und erklärte dabei lachend, dass er nebenberuflich Jäger sei. Er hatte seinen Spaß und ich mein Leben zurück. Die noch auszustopfenden Tierköpfe, die zusätzlich im Kühlschrank aufbewahrt waren, führe ich hier mal lieber nicht auf.

In der folgenden Nacht schlief ich trotzdem mit meinem Schweizer Taschenmesser unter dem Kopfkissen. Aber niemand wollte mir etwas antun. Am nächsten Abend fuhr mich ein Mitglied der Familie sogar zurück zum Flughafen und ich kam ohne weitere besondere Zwischenfälle (außer dem auf den Fotos abgebildeten LKW-Unfall, an dem wir vorbeifuhren) nach Deutschland zurück. Von der Heimat aus sendete ich der Familie als Dank für ihre Gastfreundschaft zahlreiche Bilder meiner aufregenden Reise zu. Bestimmt haben die noch lange über den Angsthasen aus Deutschland gelacht.

Nach dem Tod des Präsidenten kam es zu Unruhen im Land und der Dom verfiel.

Wie die Medien arbeiten und eine Geschichte groß und wichtig wird

Warum fällt eine gute Geschichte unter den Tisch und eine anscheinend banale Geschichte wird aufgeplustert? Ein paar Erklärungsversuche.

Viele Fernsehzuschauer fragen sich, warum über ein Ereignis berichtet wird und über ein anderes nicht. Hierfür gibt es diverse Gründe, einige Erklärungsversuche muten teilweise auch makaber an.

Wann passiert die Geschichte: nachts, morgens oder nachmittags? Gut ist nachts oder früh am Morgen, weil die Sender dann noch genügend Zeit für die Umsetzung und Verarbeitung haben. Nachmittagsgeschichten passen oft nicht mehr in das Zeitkonzept und sprengen den Verarbeitungszeitraum von Redaktionen. Konkret: Zwei Tote in der Nacht oder am frühen Morgen sind besser als zwei Tote um 16 Uhr. Ein Ereignis am Freitagnachmittag hat es somit am schwersten, weil viele Redaktionen oft schon gedanklich im Wochenende sind.

Auch wer gestorben ist, kann wichtig sein: Ist es das kleine blonde Mädchen oder ein Erwachsener? Emotional wirkt das erste natürlich stärker. Und wäre der Hund, der das Kind getötet hat, kein Kampfhund gewesen, sondern ein Dackel oder deutscher Schäferhund, hätte es keine Diskussion über eine Kampfhundeverordnung gegeben, dies hätte die deutsche Hundelobby schon verhindert. Weil es ein Kampfhund einer Person mit Migrationshintergrund war, hatte man einen »Bösen«. Wäre der Besitzer Bundesbürger gewesen, wäre die Geschichte auch schlimm, aber nicht so schlimm wie in der Konstellation, in der sie passiert ist.

Wo ist es passiert? Ein Unfall oder Feuer in Hintertupfing, wo es gute Bilder gibt, kann rausfallen aufgrund eines kleinen

Feuers auf der Hamburger Reeperbahn, weil jeder die Reeperbahn kennt. Je weiter ein Ereignis vom Zuschauer weg ist, umso weniger interessiert es. Ein Busunfall mit 20 Toten in Indien ist eine Randnotiz. Ein Busunfall in Deutschland ist ein mediales Großereignis. Da fragt man sich natürlich, welcher Mensch ist mehr oder weniger wert in der Berichterstattung. Auch ist eine Messerstecherei in einer U-Bahn in der Stadt XY in Deutschland medial wichtiger als das gleiche Ereignis in ZZ-Dorf.

Ein paar weitere krasse Beispiele aus der Medienrealität: Eine Tierrettung ist für viele Redaktionen wichtiger als ein Mord – zu Tieren haben alle einen Draht, lustige Beiträge über diese kommen gut an. Oft hat auch ein Redakteur einen direkten Bezug zu einer Geschichte und kann sich damit identifizieren oder er kann sich nicht damit identifizieren. Auch persönliche Präferenzen sind oft ein Grund für eine respektive keine Berichterstattung.

Oft sagen Redaktionen auch: »Ach, ich hab schon einen Unfall, da brauch ich nicht noch einen zweiten.« Überdies hat sich die Zeitspanne der Berichterstattung über ein Ereignis extrem verringert. Wurde vor zehn Jahren noch zwei Tage lang über ein Ereignis (Mord, Feuer, Unfall) regional oder überregional berichtet, ist dieses heute nach zwei Tagen maximal noch eine Randnotiz wert, wenn überhaupt. Die medialen Zeiträume und die Berichterstattung verkürzen sich immer schneller. Was wir früher noch als langfristige Geschichte sahen, ist im Zeitalter von YouTube oder MyVideo nur noch eine schnelllebige Nachricht wert. Der Überfluss an Informationen hat die Gesellschaft sehr abstumpfen lassen.

Vom Beinfoto zum Bestechungsvorwurf

Was passieren kann, wenn man ein gutes Foto hat und Mitbewerber sauer sind, weil es gedruckt wird.

Vor ein paar Jahren gab es einen Mord. Vor Ort gelang es mir, ein Foto zu machen, auf dem man nur die Beine des Opfers sehen konnte. Dieses Foto war absolut einfach zu bekommen und konnte ohne Probleme gedruckt werden, was auch in diversen Zeitungen geschah. Das regte einige angebliche Kollegen so auf, dass sie nun gegenüber Polizeidienststellen behaupteten, ich hätte einen Polizisten bestochen, um dieses Foto zu machen.

Es kam zu einer Ermittlung, von der ich aber nur zufällig einige Wochen später über befreundete Polizisten erfuhr. Man fragte mich, ob ich wüsste, wer damals das Foto gemacht hatte. Ich antwortete, dass ich das gewesen sei, aber von diesem ungeheuerlichen Vorwurf erst heute erfahre. Daraufhin erzählte man mir von der Ermittlung. Sofort ging ich zur Abteilung »Dienstinterne Ermittlungen« der Polizei zu einen Gesprächstermin, da dieser Vorwurf doch eine sehr schwere Beschuldigung mir bzw. auch dem Polizisten gegenüber darstellte. Die Beamten waren etwas verwundert, dass ich von der Ermittlung wusste, aber sehr kooperativ. Es stellte sich nach einem ausführlichen Gespräch heraus, dass die Vorwürfe erstunken und erlogen waren. Die Ermittlungen gegen den Polizisten und mich wurden sofort eingestellt.

Schade, dass gewisse Kollegen offenbar zu viel Zeit haben, um solche Intrigen zu konstruieren, statt sich einfach auf ihren Job zu konzentrieren und selber gute Bilder zu machen.

Freispruch!

Widerstandshandlung gegen Eutiner Polizeieinheit BFE stellt sich als falsche Anschuldigung heraus.

Bei Ausschreitungen anlässlich des Schanzenfests am 5. Juli 2009 versuchten Polizisten der BFE (Beweissicherungs- und Festnahmeeinheit) Eutin, meine Video-Berichterstattung zu verhindern, indem sie massiv dagegen angingen bzw. meine Kamera zuhielten. Gleichzeitig stellten die Polizisten Strafanzeige gegen mich wegen angeblichen Schlagens und weiterer Widerstandshandlungen. Ausschlaggebend dafür war, dass ich eine Szene gedreht hatte, wie ein leicht verletzter Polizeibeamter selbstständig in einen Rettungswagen stieg. Auch der damalige Hinweis gegenüber den Beamten, dass ihr offensichtliches Fehlverhalten mit der Kamera aufgezeichnet werde, schreckte diese nicht ab, ihr Tun für richtig zu halten. Auch die Verweigerung der Herausgabe des Namens bzw. der Dienstnummer durch die Polizisten war nicht korrekt und entsprach nicht dem Presse- und Polizeirecht, noch der Verwaltungspraxis der Hamburger Polizei, da die Beamten im Einsatz der Hamburger Polizei im Rahmen der Amtshilfe unterstellt waren.

Nach einer Vernehmung durch die Polizei flatterte mir ein paar Wochen später ein Strafbefehl ins Haus, gegen den ich Widerspruch einlegte. Hier unterstütze mich der DJV (Deutscher Journalisten-Verband) mit einer Rechtsschutzgewährung. Ein paar Monate später kam es dann zur Verhandlung vor dem Hamburger Amtsgericht. Als sie meine Videoaufzeichnungen begutachtet hatten, stellten die Richterin, die Staatsanwältin und die Verteidigung fest, dass mir nichts angelastet werden konnte und es zu einem Freispruch kommen musste. Die Staatsanwältin verzichtete sogar auf die Aussage der geladenen Polizisten, da das Videomaterial so eindeutig war und die Aussagen der Beamten der BFE Eutin in allen Punkten widerlegte. Dies zeigt klar, dass die Gerichte in Deutschland nicht allen Polizeieinsätzen einen Freifahrtschein erteilen.

Ob es nun zu disziplinarrechtlichen Maßnahmen gegen die geladenen Zeugen bzw. Polizeibeamten kam, konnte ich nicht herausfinden. Einheiten der BFE Eutin waren auch in den Vorfall in der St. Pauli Fankneipe Jolly Rogers in der gleichen Nacht verwickelt. Auch dieser führte damals zu heftigen Reaktionen im Schanzenviertel und in den Hamburger Medien.

Wo ist das Kreuz? /
Das ist keine Prinzessin!

*Manche Geschichten fallen einem erst nach Jahren wieder ein –
Fotos von Prominenten und ein Fotograf, der seine Markierung
nicht mehr sieht und auch nicht an Prinzessinnen glaubt.*

Vor Jahren habe ich mit einem Kollegen auf einer Gala als
Fotograf gearbeitet. Wir hatten eine Blitzanlage aufgebaut
und auf dem Fußboden ein Kreuz als Markierung gesetzt.
Dort sollten sich die Promis hinstellen, um im richtigen Licht
zu erscheinen. Wir teilten uns die Arbeit: Ich bat die Promis, zu unserer Blitzanlage zu kommen, und mein Kollege
machte dann die Fotos. Dabei kam es teilweise auch zu einem
»Promistau«.

Als sich dann die weltberühmte Opernsängerin Montserrat
Caballé mit ihrem doch sehr voluminösen Kleid auf das Kreuz
stellte, war mein Kollege sehr verwirrt, da er sein Kreuz nicht
mehr sehen konnte. Er ging zu der Sängerin, hob das Kleid an
und sagte dabei in gebrochenem Englisch: »Sorry I can not see
my foto cross and now you have to go a little bit to this side.«
Die Sängerin nahm es offensichtlich mit Humor und richtete
sich ganz nach den Befehlen meines Kollegen. So war ihr wohl
noch kein Mann »an die Wäsche« gegangen …

Kurz darauf gelang es mir, die Königliche Hoheit Prinzessin
Firyal von Jordanien zu einem Foto zu bewegen. Als ich mit
ihr und einem Pulk von Leibwächtern bei meinem Kollegen
ankam und die beiden bekannt machte, sagte er nur: »Ey, das
ist doch keine Prinzessin, Alter.« Ich wollte eigentlich nur noch
im Boden versinken, stellte aber sehr schnell fest, dass keiner
der Anwesenden die deutsche Sprache verstand. Das war die
Rettung! Es bedurfte deshalb nur noch eines sehr strengen Bli-
ckes und einiger ernster Worte zu meinem Kollegen, und er

bemerkte seinen »kleinen« Fehler. So gelang es, die Situation und das Foto zu retten.

Noch heute, Jahre danach, schmunzeln wir über diesen Abend.

Hast du mit 1,7 Promille einen im Kahn, fahre lieber Bus und Bahn

Alkohol am Steuer, das wird teuer – und dann auch noch die Frechheit besitzen, Monate später nicht zum Gerichtstermin zu erscheinen.

Auf dem Rückweg von einem Dreh eines Dachstuhlbrandes fuhr mir ein Autofahrer im Holstenwall mit seinem Mercedes leicht hinten auf. Ein klassischer kleiner Auffahrunfall. Wir hielten an, begutachteten den Schaden und stellten fest: Alles halb so wild, nicht viel passiert. Bei meinem Wagen nichts kaputt, bei seinem Wagen hatte nur das Nummernschild eine kleine Beule. Wir tauschten zur Sicherheit die Personalien aus und verabschiedeten uns. Auf eine Unfallaufnahme durch die Polizei verzichteten wir. Jeder fuhr seiner Wege.

Etwa 15 Minuten später fuhr ich an einem Auffahrunfall vorbei. Den Verursacher kennst du doch!, dachte ich bei mir. Tatsächlich, es war derselbe Mercedes und derselbe Fahrer. Er war mit seinem Wagen hinten auf einen Smart aufgefahren. Hier war der Schaden allerdings etwas größer. Da mir eine innere Stimme nun sagte: »Halt an, hier stimmt was nicht«, stoppte ich meinen Wagen und ging zu den Unfallbeteiligten. Der Smart-Fahrer hatte bereits die Polizei gerufen. Diese traf auch sehr schnell ein. Ich sagte den Polizisten, dass mir der Mercedes-Fahrer keine Viertelstunde vorher auch ins Heck meines Wagens gefahren sei, wenn auch ohne großen Schaden zu verursachen. Das veranlasste nun die Polizisten, bei dem »Unglücksraben« eine Alkoholprobe durchführen zu lassen. Er pustete ins Röhrchen und hatte doch tatsächlich über 1,7 Promille. Er wurde umgehend zur angeordneten Blutabnahme an die Wache gebracht. Mir selber war gar nicht aufgefallen, dass er so stark alkoholisiert war.

Nun hatte dieser Fahrer doch mächtig Ärger am Hals: Vernehmung durch den Verkehrsunfalldienst, Führerschein weg, Fahrverbot, MPU, den Schaden an den Fahrzeugen musste er zahlen, die Versicherung schmiss ihn raus, das Gericht wartete und und und …

Die Geschichte zeigte wieder mal: Alkohol am Steuer, das wird teuer. Aber sie ging noch weiter: Ein paar Monate später gab es gegen den (nun ehemaligen) Mercedes-Fahrer ein Gerichtsverfahren wegen Trunkenheit am Steuer, weil er – sorry, wenn ich es so formuliere – so blöd war, gegen den erlassenen Strafbefehl auch noch Einspruch zu erheben: Er fühlte sich ungerecht behandelt. Hier war ich als Zeuge geladen, um die Ereignisse von damals zu schildern. Auch eine Polizistin, die damals bei der Unfallaufnahme anwesend war und der Fahrer des Smarts waren als Zeugen geladen. Alle erschienen brav zum Termin. Nur einer kam nicht. Genau, der Unfallverursacher. Der Richterin wurde es nach einer halben Stunde unentschuldigter Wartezeit auf den Angeklagten zu bunt und sie erließ ein sogenanntes Abwesenheitsurteil. Hiergegen hat der Mann dann keinen Einspruch mehr erhoben.

Fazit: Wenn man schon Bockmist baut, sollte man wenigstens zu seinen Taten stehen und auch pünktlich bei Gerichtsverhandlungen erscheinen.

Schlägerei im Rettungswagen

Kino ist nix dagegen: Polizisten werden nach Familienstreitigkeiten massiv angegriffen und beschimpft.

Als Polizisten in Hamburg-Billstedt zum Schlichten von Familienstreitigkeiten gerufen wurden, bekamen sie auf einmal selber massive Probleme mit den doch sehr auf Krawall eingestellten Mitmenschen. Diese fanden es überhaupt nicht gut, dass sich die Polizei in ihre Familienangelegenheiten eingemischt hatte. Auf einmal gingen alle auf die Polizisten los, als die Beamten einen der Kontrahenten mit »sanfter Billstedter Gewalt« aus einem Rettungswagen herausgeleiten wollten. Auch anwesende Kinder hatten offensichtlich keinerlei Respekt vor der Ordnungsmacht und schlugen wie von Sinnen auf diese ein.

Erst nach dem Eintreffen von mehreren Streifenwagenbesatzungen konnte die Lage bereinigt werden. Die Polizisten wurden dabei zum Teil selber verletzt und mussten sich die übelsten Beschimpfungen dieser sehr kommunikativen Menschen anhören.

Jeder sollte ein wenig mehr Höflichkeit unseren täglich auf den Straßen arbeitenden Polizisten entgegenbringen. Das Verhalten, das diese Leute der Ordnungsmacht gegenüber an den Tag legten, kann man wohl nur als as... bezeichnen.

Der Schläger im Rettungswagen erhielt für sein Verhalten, wie ich viel später erfahren habe, einen Strafbefehl über 600 Euro; den nahm der Beschuldigte auch sofort an. Meines Erachtens war diese Strafe viel zu gering.

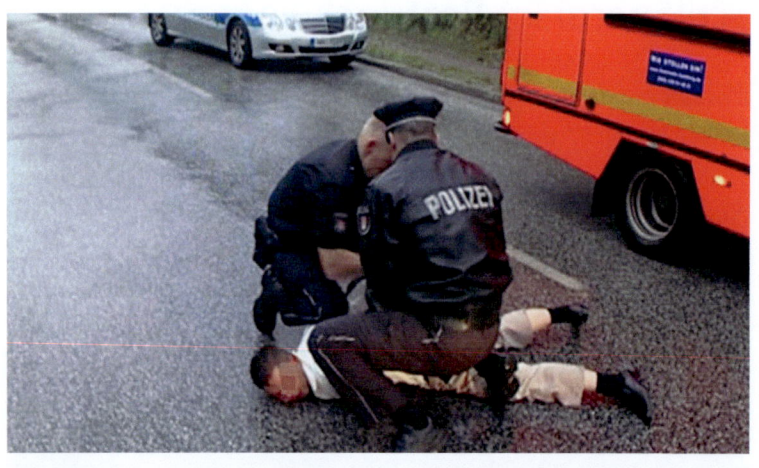

Das Unterwasser-Handy

Tauchgang in der Alster unter den kritischen Blicken von Schwänen wird zum Auslöser für die alljährliche Aktion »Sauberer Journalismus – Polizeireporter räumen die Alster auf«.

Während Dreharbeiten erzählte mir der Hamburger Schwanenvater Olaf Nieß, dass ihm sein Mobiltelefon im Winterquartier der Alsterschwäne ins Wasser gefallen sei. Da ich ausgebildeter Taucher bin und die Wassertiefe an besagter Stelle nur 1,80 Meter beträgt, bot ich ihm an, das Handy zu suchen.

Die Aktion »Rettet das Unterwasser-Handy« fand an einem Wochenende statt, natürlich unter Beachtung aller Sicherheitsstandards. Zuvor war sie überdies ordnungsgemäß bei Polizei und Feuerwehr angemeldet worden. Die Suche im Alsterwasser gestaltete sich schwieriger, als erwartet, weil die Schwäne sich an dem neuen »Mitbewohner« sehr interessiert zeigten und die Sicht unter Wasser weniger als zehn Zentimeter betrug. Herr Nieß reichte vom Steg aus eine Stange ins Wasser, an der er mich poledanceartig führte. Eine Stunde lang dauerte die Suche unter den kritischen Blicken der Schwäne, bis ich plötzlich das Mobiltelefon ertastete und es vom Alstergrund retten konnte. Es wurden sogleich Wiederbelebungsversuche eingeleitet, darunter eine Spülung unter kaltem Wasser und das Trocknen von Karte und Telefon auf der Heizung. Nach einer Woche funktionierte es wider Erwarten wieder einwandfrei.

Weitere acht Wochen später erhielt ich noch einmal einen Hilferuf aus dem Schwanenquartier: Herr Nieß gestand mir einen erneuten Mordversuch an seinem Mobiltelefon. Wieder lag es im Wasser, und auch dieses Mal überlebte es nach der Bergung. Finnische Qualität überzeugt eben doch. Seitdem lebt dieses schwer traumatisierte Handy in einer geschlossenen Tasche.

Der Vorfall wurde zum Auslöser der alljährlichen Aktion »Sauberer Journalismus – Polizeireporter räumen die Alster auf«. Die Medienschaffenden wollten nicht immer nur berichten, sondern auch einmal selber eine Initiative für die Alster ergreifen. Die Aktion findet nun jedes Jahr im Sommer statt, unter Einhaltung aller Sicherheitsbestimmungen und unter Aufsicht der Wasserschutzpolizei, des Bezirksamtes und weiterer Behörden. Dabei befreien Journalisten die Kanäle von allerlei Großstadtmüll, der von nicht gerade umweltbewussten Menschen illegal im Fluss entsorgt wurde. Viele Hamburger Bürger beobachten den Einsatz sehr gerne vom Ufer und den zahlreichen Brücken aus. In der Bevölkerung und bei den Medien hat die Veranstaltung einen hohen Anerkennungs- und Stellenwert bekommen.

Im Laufe der Jahre wurden bereits mehrere hundert Fahrräder, zig Einkaufswagen, zahlreiche Tresore (teilweise mit Inhalt), Autoteile, Straßen- und Baustellenschilder, Kanister, Toiletten, eine Pistole und weiterer Müll vom Grund gefischt und danach fachgerecht entsorgt.

Feuer im Hochhaus

Frau, Kind und Katze springen aus der Flammenhölle.

Im ersten Stock eines Hochhauses brannte eine Wohnung lichterloh. Die Bewohner, eine Mutter und zwei Kinder, die am Abend vorher noch den Geburtstag der Mutter gefeiert hatten, versuchten vor den Flammen zu fliehen. Da ich aufgrund der Nähe zu meiner Wohnung damals zeitgleich mit der Feuerwehr bei der Einsatzstelle ankam, konnte ich die gesamte Dramatik im Bild festhalten. Während die Tochter durch die Wohnungstür flüchten konnte, waren Mutter und Sohn mit ihrer Hauskatze auf dem Balkon gefangen, auf dem noch ein Katzennetz angebracht war. Hinter ihnen die Flammenhölle und vor ihnen die Tiefe, versperrt durch das Netz.

Die Mutter zerriss das Netz mit aller Kraft und beide entschlossen sich in ihrer Verzweiflung, aus dem ersten Stock zu springen, da ihnen die Zeit zu lang vorkam, bis die Feuerwehr sie retten konnte. Der Feuerwehr gelang es nicht, die beiden zu beruhigen. Verständlich, bei dem Flammeninferno, das da hinter ihnen wütete. Auch hatte die Feuerwehr ein paar Probleme beim Löschangriff und dem Erreichen der Einsatzstelle, aufgrund von ausgetauschten Schlössern vor Feuerwehrzufahrten und starkem Pflanzenwuchs auf den vorgeschriebenen Rettungswegen. Diese Schwierigkeiten zu lösen, hatte wertvolle Minuten gekostet. Zur Klarstellung: Die aufgeführten Verzögerungsursachen waren nicht die Schuld der Feuerwehr.

Der Junge brach sich beim Sprung aus dem Balkon das Bein, kam aber dennoch auf mich zugelaufen. Vermutlich merkte er im ersten Schock gar nicht, dass er verletzt war. Ich nahm ihn, während ich gleichzeitig drehte, kurz in den Arm. Gleichzeitig riefen mir aber die Polizisten zu, mit meinem Kameralicht nach vorne zu kommen, weil zwischenzeitlich auch die Mutter gesprungen war und man sie aufgrund der Dunkelheit nicht gleich in dem Buschwerk, in das sie gesprungen war, fand. Inzwischen war ein Kameramann einer anderen Agentur eingetroffen. Ihm drückte ich nun das Kind an die Hand, damit er sich darum kümmerte, bis die eingesetzten Rettungskräfte es weiter betreuen konnten. Dann rannte ich nach vorne und leuchtete die Einsatzstelle aus. Schnell sahen die Polizisten und Feuerwehrleute nun die Frau, konnten sie aus dem Gebüsch hervorziehen und versorgen. Sie hatte sich beim Sprung schwer verletzt. Die Situation war für alle nicht ungefährlich, weil etwa vier Meter über uns die Flammen meterhoch aus der Wohnung schlugen und auch Sachen herunterfielen. Auch die Katze hatte sich zwischenzeitlich mit einem Sprung gerettet und war mit unbekanntem Ziel weggelaufen. Nach ein paar Tagen wurde sie aber von Nachbarn gefunden und der Familie wieder übergeben.

Mutter und Sohn wurden durch ihre Sprünge verletzt (Beinbruch bzw. Sehnenriss und kleinere Brandverletzungen), aber sie kamen mit dem Leben davon und feierten ihren zweiten Geburtstag nun jedes Jahr einen Tag nach dem richtigen Geburtstag der Mutter. Trotz dieses glücklichen Ausgangs war für mich als Kameramann der Moment, unten zu stehen und nur zusehen zu können, wie diese beiden Menschen um ihr Leben kämpften, emotional sehr belastend.

Robbenfund /
Kind von Kampfhund getötet

Der schönste und schlimmste Tag in meinem Berufsleben –
Gefühlschwankungen extrem.

Anwohner fanden an einem Seitenarm der Elbe bei Hamburg-
Wilhelmsburg eine Robbe und riefen die Polizei. Das Tier wurde
zwecks Eigenschutzes zur Polizeiwache gebracht, wo es sich in
einer gekachelten Zelle gemütlich machen konnte. Dort konnten wir Bilder machen. Den Polizisten gegenüber verweigerte
sie hartnäckig Angaben zu Herkunft und Person. Ich bekam
sie erst ohne Beisein ihres Anwalts vor die Kamera, als ich ihr
erzählte, dass ich eine Folge von »Hamburg sucht die Super-
Robbe« drehe. Nach dem Erstellen der Bilder durch die anwesenden Journalisten warteten alle Beteiligten, nebst Robbe, auf
das Eintreffen der Mitarbeiter einer Tierschutzorganisation, die
den knopfäugigen Star des Tages auf die Robben-Station in St.
Peter-Ording bringen wollte.

Plötzlich herrschte Alarmstimmung. Viele Polizisten rannten
aus der Wache und riefen, ich solle hinterherfahren. In der nä-
heren Umgebung war ein Kind von einem Kampfhund ange-
fallen und dabei vermutlich lebensgefährlich verletzt worden.
Ich traf nur wenige Minuten nach den Beamten am Einsatzort
ein. Noch beim Aussteigen aus dem Auto hörte ich den Schuss,
der den ersten Hund tötete. Sofort begann ich die Situation zu
filmen. Zeitgleich kämpften Rettungsassistenten der Feuerwehr
um das Leben des am Boden liegenden Kindes, jedoch ver-
geblich. Der kleine Junge erlag noch vor Ort seinen schweren
Verletzungen.

Der zweite Hund, der sich im Gebüsch versteckt hielt, wurde
von bewaffneten Beamten in Schach gehalten. Unter Deckung
seiner Kollegen begab sich einer von ihnen ins Gebüsch und

erschoss das Tier. Zur gleichen Zeit lag das Besitzerpaar des Hundes unter Schock weinend auf der Wiese und immer mehr Rettungskräfte und Polizisten trafen ein.

Einsatzkräfte und Journalisten kamen bei diesem Ereignis gleichermaßen an ihre Grenzen und mehrere Polizisten, darunter auch die, die beim Robbenfund dabei gewesen waren, brachen weinend zusammen und mussten betreut werden. Auch ich bat Kollegen unter Tränen telefonisch um Hilfe. Sie haben mich abgelöst, während ich mit dem Filmmaterial zur Agentur fuhr, damit es den TV-Sendern zur Verfügung gestellt werden konnte. Diese Bilder liefen weltweit und sorgten in Deutschland für eine Diskussion über den Umgang mit Kampfhunden, die ohne dieses Ereignis in der Form nie stattgefunden hätte.

Erst später realisierten wir, dass wir mit diesen Bildern politischen Einfluss erlangt hatten. Im Gespräch mit den Einsatzkräften ein paar Wochen später stellte ich fest, dass dies der schlimmste Einsatz war, den alle Beteiligten je erlebt haben. Nie lagen Freud und Leid so extrem nahe zusammen wie an diesem Tag.

KI-LL

Wasserrohrbruch im Tunnel, in der Wathose über dem Anzug und durch Zufall hinter KI-LL.

Eines Nachmittags kam es im Binsbargtunnel in Hamburg-Stellingen zu einem Wasserrohrbruch, in dessen Folge das Wasser einen Meter hoch stand. Ich beendete die Dreharbeiten vor Ort und fuhr zunächst zu einer privaten Verabredung. Im Anschluss daran wollte ich noch einmal zum Tunnel. Daher trug ich über meinem guten Anzug eine Wathose, um bestens vorbereitet zu sein. So saß ich in diesem »Froschmann-Outfit« hinter dem Steuer, als auf der Schnackenburgallee vor mir ein Fahrzeug fuhr, über dessen Kennzeichen ich mich sehr amüsierte: KI-LL (*kill:* englisch für »töten«).

Aus heiterem Himmel überholten mich plötzlich andere Autos und drängten mich ab, um genau dieses Fahrzeug aufstoppen zu können. Wild hupend fragte ich mich noch, was das für Rücksichtslose sind. Nun, es handelte sich um Polizisten in Zivil, die den Fahrer mit dem lustigen Autokennzeichen mit vorgehaltenen Waffen aus dem Auto zerrten. Per Chicago-Wende von 180 Grad entfernte ich mich aufgrund der unübersichtlichen Lage ein kleines Stück vom Einsatzort, um dann im schicken Anzug mit Wathose das Geschehen zu filmen. Ein Beamter kam auf mich zu und unterstellte mir in etwas lauterer Form, dass ich eine Observation gestört hätte. Dies verneinte ich mit dem Hinweis, dass es wohl recht ungewöhnlich sei, als lebendes Kaugummi einem Täterfahrzeug zu folgen. Die »Zielperson« wurde verhaftet, während ich zum ursprünglichen Drehort weiterfuhr.

Am nächsten Tag erhielt meine damalige Agentur einen Anruf aus der Pressestelle der Polizei mit der Bitte um Klärung, warum ich dem Zielfahrzeug gefolgt sei. Bis heute erfuhren wir weder, warum die Person festgenommen worden war, noch glaubte man mir, dass mich nur der Zufall in diese Situation gebracht hatte.

Safari mal anders

Auf Löwenjagd statt auf der Geburtstagsfeier.

Eigentlich war ich auf dem Weg zur Geburtstagsfeier meiner Mutter, als ich erfuhr, dass am Dammtorbahnhof bzw. auf der Moorweide ein Löwe eines dort gastierenden Zirkus ausgebrochen war. Aus unbekannten Gründen war die Tür seines Käfigs unverschlossen gewesen. Der Löwe genoss seine neu gewonnene Freiheit unter einem Wohnwagen, während sich meine Mutter an die Stirn tippte, als ich ihr telefonisch den Grund für meine Verspätung nannte.

Am Einsatzort stellte sich die Lage wie folgt dar: Der Berufsverkehr war komplett zusammengebrochen, weil Polizisten mit Maschinenpistolen den Kreuzungsbereich abriegelten. Allerdings hatten die Polizisten wohl weniger Angst, den Löwen erschießen zu müssen, als davor, als böser Löwenmörder am nächsten Tag in der Zeitung zu stehen, sollte was schieflaufen. Zeitgleich umstellten Zirkusmitarbeiter den Wohnwagen mit Absperrgittern, damit der Löwe seine Absicht, in der City shoppen zu gehen, aufgab. Journalisten und Zirkusbesucher liefen als Zeugen dieser ungewöhnlichen Safari umher, und es stellte sich immer mehr die Frage, wer mehr Angst hatte: die bewaffneten und nervösen Polizisten oder die Raubkatze.

Als letzte Rettung betrat der Tierarzt von Hagenbeck mitsamt Betäubungsgewehr die unglaubliche Szenerie und schickte den Löwen mit einem gezielten Schuss ins Reich der Träume. Da er erst aus dem wohlverdienten Feierabend hatte geholt werden müssen, dauerte es eine Weile, bis die Situation entschärft war und die Zirkusmitarbeiter den betäubten Löwen unter dem Wohnwagen hervorziehen und in den Käfig zurücktragen konnten. Als ich endlich mit großzügiger Verspätung auf der Feier meiner Mutter eintraf, waren die Gesichter lang. Sie glaubte mir erst, als sie die Bilder im Fernsehen sah.

Altpappe und ein Führerschein

Ein Rentner, ein wenig Altpappe, kein Führerschein und was daraus werden kann.

Es war einmal ein fleißiger Rentner, der in seiner Freizeit (von der er sehr viel hatte) mit seinem alten VW-Bus in der Umgebung Altpapier und Pappe einsammelte. Dies ist auch grundsätzlich als sehr positiv anzusehen. Dass er seit Jahren keinen Führerschein mehr hatte, störte ihn wenig – die Polizei aber durchaus. Dennoch konnte oder wollte sie nichts machen, um dem Rentner seine Alltagsfreude nicht zu nehmen.

Ich erfuhr von der Geschichte und suchte den älteren Herrn auf. Er gab mir bereitwillig ein Interview und ließ sich auch im VW-Bus filmen. Als eine der letzten Einstellungen wollte ich ein Bild von ihm in der Fahrerkabine machen – ohne ihn zum Fahren aufzufordern, weil ich ja wusste, dass er keine »Pappe« (Führerschein) mehr hatte. Somit setzte ich mich auf den Beifahrersitz. Auf einmal startete er den Motor und gab Vollgas. Dummerweise war der Rückwärtsgang drin. Ich dachte nur: Hoffentlich geht das gut.

Es ging nicht gut. Am Ende waren der VW-Bus und mehrere parkende Fahrzeuge beschädigt. Uns beiden war zum Glück nichts passiert. Ich rief die Polizei und diese kam auch sehr zügig an. Die eintreffenden Polizisten wussten allerdings nicht, ob sie weinen oder lachen sollten. Der Rentner war ihnen aus zahlreichen Einsätzen bereits bekannt. Der Verkehrsunfalldienst übernahm die Ermittlungen und bat auch mich um eine Aussage – das dauerte dann etwas länger …!

Zwischenzeitlich wurde der Rentner gebeten, seinen Führerschein vorzulegen. Fröhlich legte er ein Blatt Papier in Form eines Führerscheins vor, so wie wir es kennen, wenn man sich eine neue Brieftasche kauft. Hier findet man ja auch Musterfotos,

Musterkreditkarten und eben diese Musterführerscheine. Es war ein von ihm ausgefülltes Stück Papier, »vollkommen in Ordnung«, wie er sagte. Die »Pappe« wurde ihm dann nach einem kurzen Fluchtversuch abgenommen. Der Schaden war sehr groß, und nicht nur die Polizisten hatten eine nicht ganz alltägliche Unfallaufnahme.

Wie sich die Versicherungen der Beteiligten dazu äußerten, erfuhr ich leider nicht. Wir hatten alle sehr viel Glück, dass keiner verletzt worden war.

Was braucht ein guter Polizeireporter und was macht ihn aus?

Gute Tipps und ausgefallene Vorschläge, die das Leben in diesem Beruf etwas einfacher machen, erzählt in lockerer Reihenfolge.

1. Ein guter Rückhalt durch die Familie, die diesen »Verrückten« in seinem Job unterstützt.

2. Ein gutes Allgemeinwissen, da man sich jeden Tag auf neue Themen und Situationen einstellen muss. Was hat man früher in der Schule gemeckert: »Das brauch' ich niemals im Leben.« Spätestens hier merkt man manchmal: »Hättest du doch damals besser im Fach XY aufgepasst!«

3. Gute Kontakte zu Informanten aus den unterschiedlichsten Bereichen. Diese sollte man auch hegen und pflegen.

4. Nie alles veröffentlichen, was man weiß. Langfristiges Vertrauen und gute Zusammenarbeit sind wichtiger als der kurzlebige Erfolg. Oft erhält man dadurch auch Informationen, die zu guten Geschichten führen, die man sonst nie erfahren hätte. Wichtig ist es, ein sehr gutes Vertrauensverhältnis zu befreundeten Kräften zu haben. Das heißt nicht, dass man sich anpassen oder immer die gleiche Meinung haben soll. Auch die, die einen nicht mögen, rufen an und wollen Bilder haben, wenn man sie positiv darstellt. Spätestens dann werden sie sehr nett!

5. Ein geräumiges Fahrzeug. Nichts ist schlimmer, als in einem Kleinwagen auf etwas warten zu müssen. Und wenn man jeden Tag sieht, was mit Kleinwagen bei Unfällen passiert, entwickelt man ein manchmal etwas spleenig anmutendes Sicherheitsgefühl.

6. Die technische Ausrüstung. Wenn möglich, sollte man die Teile doppelt haben, da man nie weiß, ob und wann ein

Gerät ausfällt. Die Mitbewerber vor Ort helfen einem nur in den seltensten Fällen aus.

7. Immer (sommers wie winters!) warme, wetterfeste Kleidung im Auto mitführen, insbesondere Handschuhe. Frieren ist das Schlimmste, wenn man Stunden draußen stehen muss. Auch ein zweiter Satz Strümpfe hat noch nie geschadet.

8. Noch mal das Thema Ausrüstung. Mag es auch verrückt klingen, aber auch im Großstadtdschungel können die folgenden Dinge von Nutzen sein: Spaten, Schneeketten (auch im Sommer), Werkzeugkasten, Ersatzreifen, Helm, Taschenlampe, Batterien/Akkus, Block und Bleistift, Visitenkarten, Warndreieck, Verbandskasten, mindestens eine Leiter, einen Rucksack (um das alles eventuell auch zu schleppen (oh, ich hab Rücken)), gutes aktuelles Kartenmaterial (trotz moderner Navigationsgeräte), Gummischuhe, Handschuhe, Schwimmweste, eine schusssichere bzw. splitterschutzsichere Weste (die halten nicht nur die hoffentlich nicht auf einen eintreffenden Kugeln oder Splitter ab, sondern haben sich auch in Demonstrationen bei Flaschenwürfen bewährt, auch halten sie prima warm) usw. Man braucht das meiste davon zwar nur einmal im Jahr, aber genau dann braucht man es wirklich für die entscheidenden Bilder.

9. Niemals den Mitbewerbern über deine Pläne erzählen. Einer versucht immer, einem Steine in den Weg zu legen. Wenn man was plant, dann sollte man es durchziehen und sich nicht von den Neidern verunsichern lassen. Die gucken dann schön blöd, wenn der eigene Plan klappt und sie das so nicht erwartet haben.

10. Viele Kollegen rufen einander an, geben sich Tipps zu einzelnen Ereignissen oder verquatschen sich einfach – lass es! Besser ist es, nicht zu quatschen und dann allein bei

dem Ereignis dabei zu sein. Sicherlich verpasst man ab und zu eine Geschichte, weil man sich nicht an der mitbewerberübergreifenden Telefonkette beteiligt, aber spätestens wenn man dann die Geschichte allein hat, weiß man, es hat sich gelohnt. Und die Mitbewerber schauen in die Röhre.

11. Einen guten Versicherungsvertreter, einen guten Anwalt, einen guten Banker und einen guten KFZ-Schrauber – Fachleute, die den Job verstehen und sicherlich auch manchmal ein wenig verrückt sein müssen, sich mit einem abzugeben.

12. Gute Programmierer – die für die Website genau das erarbeiten, was man will und allen Schnickschnack weglassen, den man sowieso nicht braucht. (Mal ehrlich: Wer braucht denn z.B. auch an seinem Handy wirklich 30.000 Apps, wenn man damit nur telefonieren will, oder einen Drucker, der 40.000 Farben drucken kann, wenn das menschliche Auge nur ca. 120 Farben unterscheiden kann).

13. Eine gute Agentur mit guten, schnellen und kompetenten Mitarbeitern, die einen beim Verkauf des Bildmaterials unterstützt.

14. Ein paar Kleinigkeiten, die die Mitbewerber ins neidvolle, frustrierte Staunen geraten lassen: Pünktlichkeit und Zuverlässigkeit. Die fehlen leider vielen in dieser Zeit.

15. Immer zu seinem Wort stehen und seine Zusagen einhalten – auch das ist sehr rar geworden. Ehrlichkeit, auch dann, wenn ein Sturm über einen zieht.

16. Fleiß – allerdings kriegt man dann Probleme mit den Neidern.

17. Finger weg vom Alkohol. Autofahren und Alkohol vertragen sich nicht, und nichts ist ärgerlicher, als wenn man was getrunken hat und dann bei einer guten Geschichte nicht losfahren kann.

18. Gut wäre auch ein Notstromaggregat. Wie soll man sonst bei Stromausfall seine Technik nutzen?

19. Ein kleines Ruderboot mit führerscheinfreiem Kleinmotor wäre auch von Vorteil – daran arbeite ich noch!

20. Auch wenn mal eine Woche nix los ist oder man zu allen vorhandenen Ereignissen zu spät kommt: Sich nicht verrückt machen, beim nächsten Mal hat man mehr Glück.

21. Ein dickes Fell, um oftmals vieles gut zu verarbeiten und sich nicht allzu sehr ärgern zu lassen. Viele Neider und angebliche Kollegen versuchen es immer wieder: einen durch anonyme E-Mails anzuschwärzen, zu verunsichern oder schlecht zu machen. Offensichtlich erzeugt Neid Frust oder Verunsicherung, und deshalb nehmen die sich dann die Zeit, irgendwelche schwachsinnigen Mails zu schreiben. Leute, wenn ihr für so was Zeit habt, seid ihr entweder unterbeschäftigt oder einfach nur frustriert. Vergesst nicht, dass jede Mail, auch die mit Fantasieadressen, durch die IP-Adresse zurück verfolgbar ist. Wer sich nun angesprochen fühlt, der hat wohl ein schlechte Gewissen. (Ähnlichkeiten oder Übereinstimmungen mit lebenden oder Ihnen bekannten Personen sind natürlich rein zufällig und nicht beabsichtigt.) Von alldem zeigt man sich am besten unbeeindruckt und arbeitet einfach weiter. Mit Fleiß kommen die Neider nicht klar.

22. Man muss warten können. Oft kriegt man bessere Bilder, wenn man ein wenig länger als die anderen an der Einsatzstelle bleibt. Dies ist allerdings immer vom Ereignis abhängig – manchmal sind weniger Bilder auch ausreichend, und schnell liefern ist das Gebot der Stunde. Bei der Entscheidung, was nun angesagt ist, hilft nur die Erfahrung.

23. Nachts immer die Kleidung so neben dem Bett liegen haben, dass man diese schnell greifen und anziehen kann. Witzigerweise kommt man nachts schneller in vom Vortag

getragene Socken rein als in frische. Warum das so ist, weiß ich auch nicht! (Eventuell sind Käsesocken rutschiger als Weichspülersocken.)

24. Alle Ausrüstungsgegenstände möglichst immer am gleichen Platz ablegen. Nichts ist schlimmer, als nachts um 3 Uhr etwas suchen zu müssen bzw. sich zu fragen: »Wo hab' ich das wieder hingelegt ...« Hier ist Selbstdisziplin sehr gefordert.

25. Ein paar Kekse und was zu trinken im Auto zu haben, hilft nicht nur gegen aufkommenden Hunger, sondern steigert auch die Moral bei längeren Wartezeiten.

26. Sich selber gegenüber immer ehrlich sein, sich treu bleiben, mit sich selber zufrieden sein und aufrecht jeden Morgen in den Spiegel sehen. Und wenn man mal nicht zufrieden sein sollte mit sich, helfen ein Lächeln und eine ausgiebige Dusche.

27. Zahlreiche Sätze berühmter Männer sollte man sich zu Herzen nehmen:

Dann und wann ein kleiner Aufstand ist sehr zu empfehlen.
Thomas Jefferson, dritter Präsident der USA

Zuerst ignorieren sie dich, dann lachen sie über dich, dann bekämpfen sie dich und dann gewinnst du.
Mahatma Gandhi, Führer der indischen Unabhängigkeitsbewegung

Wahrheit ist unser kostbarster Besitz. Lasst uns sparsam mit ihr umgehen.
Samuel Langhorne Clemens (Mark Twain), Schriftsteller

Die beste und sicherste Tarnung ist immer noch die blanke und nackte Wahrheit. Die glaubt niemand!

Max Frisch, Schweizer Schriftsteller

*Der Horizont vieler Menschen ist ein Kreis mit dem Radius Null –
und das nennen sie ihren Standpunkt.*
Albert Einstein, Physiker und Nobelpreisträger

Viel Feind' (Neider, Anm. des Autors), *viel Ehr'.*
Georg von Frundsberg, mittelalterlicher Landsknechtsführer

*Machen Sie sich erst einmal unbeliebt, dann werden Sie auch ernst
genommen.*
Konrad Adenauer, erster Bundeskanzler der Bundesrepublik
Deutschland

*Nun wollen wir uns noch ein wenig mit der Bundesregierung
anlegen.*
Gert von Paczensky, Mitbegründer des NDR-Politikmagazins
Panorama

Nichts ist mächtiger als eine Idee, deren Zeit gekommen ist.
Viktor Hugo, französischer Schriftsteller

Ich strenge mich an, deshalb bin ich anstrengend.
Michel Friedmann, Journalist

Redewendungen aus unserem Beruf

Zum Abschluss noch ein paar witzige Ausdrücke.

Sätze, die man jeden Tag benutzen könnte, die besonders in unserem Beruf aber oft für Verwirrung oder böse Blicke sorgen, sind zum Beispiel:

Zum Bürgermeister zu sagen: »Können Sie mal zurücktreten.« Gemeint ist natürlich, dass er zu nah vor der Kamera steht und sich etwas von ihr entfernen sollte, damit man ihn besser aufnehmen kann. (Mir selber passiert, aber der Bürgermeister verstand es und lachte herzhaft.)

Der Standardspruch »Thema abgefackelt« meint, man ist fertig mit dem Dreh, allerdings kommt das bei Bränden bzw. den davon Betroffenen nicht gut an. Ebenso wenig, bei einem Feuer zu sagen: »Das ist der Burner« – was eigentlich in unserem Sprachgebrauch »Das senden alle« meint.

»Thema im Kasten« ist auch nicht gerade schön, wenn ein Leichnam im Sarg abtransportiert wird. Und bei einem Feuer in einem Krematorium (tatsächlich passiert) sind die Sätze »Es gab keine Überlebenden« oder »Alle tot« echt makaber.

»Er kniet sich bald wieder rein« – bei Beinamputationen ein makabrer Spruch.

»Durchläufer« meint auch »Das senden alle«, bei einem Fußgängerunfall klingt es aber böse und gemein. »Shit happens« beim Unfall eines Gülletransporters ist ja dagegen noch witzig.

»Einen Türken bauen« – damit meint man in unserem Job, beim

Drehen etwas nachzustellen und hinterher zu sagen, das sei das reale Geschehen gewesen.

Über den Autor

Kurze Beschreibung meines journalistischen Werdegangs.

Geboren bin ich 1965, aufgewachsen in Hamburg. Seit 23 Jahren arbeite ich erfolgreich als freiberuflicher Journalist, Fotograf und Kameramann, davon seit 15 Jahren im TV-Geschäft.

Nach dem Erlernen des Fotografenhandwerkes bei der Bundeswehr arbeitete ich dort als Luftbildauswerter und in fotografischer Tätigkeit (Bundeswehrzeit: 1983 bis 1989). Gleichzeitig sammelte ich erste Erfahrungen im Journalismus (längeres Praktikum bei einer renommierten Hamburger Tageszeitung und bei Bundeswehrzeitungen).

Danach lernte ich den Journalismus in seiner vollen Breite kennen. Zunächst als Redaktionsassistent und danach als freier Fotograf für diverse Agenturen in Hamburg, wo ich neben der aktuellen Berichterstattung aus Hamburg auch in Krisengebieten wie Ruanda, Zaire und Rumänien tätig war. Des Weiteren führten mich Reportagen unter anderem auch nach Nepal, Brasilien und Island.

1997 wurde die Fernsehkamera zu einer neuen zusätzlichen spannenden Herausforderung für mich. Ich arbeite auch in diesem Bereich bis zum heutigen Tage für verschiedene Kunden, die mich u.a. im Vertrieb der Bilder unterstützen. Mein Tätigkeitsfeld umfasst Unfälle, Feuer, Politik, Show, Tiere usw. und liegt hauptsächlich im Osten der Hansestadt Hamburg.